本书获得山西省高等学校哲学社会科学项目（2020W075）
山西省哲学社会科学规划项目（1910900032MZ）的资助

新型城镇化背景下
中小城市发展的关键问题研究

The Study on the Key Problems of Development of Small and Medium-sized Cities Based on New-approach Urbanization

武勇杰 著

经济管理出版社
ECONOMY & MANAGEMENT PUBLISHING HOUSE

图书在版编目（CIP）数据

新型城镇化背景下中小城市发展的关键问题研究 / 武勇杰著．—北京：经济管理出版社，2020.10

ISBN 978-7-5096-7384-3

Ⅰ.①新…　Ⅱ.①武…　Ⅲ.①中小城市—经济发展—研究—中国　Ⅳ.①F299.2

中国版本图书馆 CIP 数据核字（2020）第 152451 号

组稿编辑：高　娅
责任编辑：高　娅　康国华
责任印制：黄章平
责任校对：王纪慧

出版发行：经济管理出版社
（北京市海淀区北蜂窝 8 号中雅大厦 A 座 11 层 100038）
网　址：www.E-mp.com.cn
电　话：（010）51915602
印　刷：北京玺诚印务有限公司
经　销：新华书店
开　本：710 mm × 1000 mm/16
印　张：10.5
字　数：195 千字
版　次：2020 年 10 月第 1 版　2020 年 10 月第 1 次印刷
书　号：ISBN 978-7-5096-7384-3
定　价：78.00 元

前　言

随着新型城镇化的推进，中小城市作为城市群塑造城市体系不可或缺的重要环节，其可持续发展是我国现阶段城市健康稳定发展和城市群质量提升的关键。本书以新型城镇化为背景，基于系统和多维视角，以现有地级及以上中小城市为研究对象，对其等级提升—产城融合—集聚能力—协同发展等亟待解决的关键问题进行了理论探讨与实证研究。本书遵循“理论分析＋实证分析”的总体研究思路，沿着“文献综述和基础理论—现状、趋势与关键问题—关键问题的实证分析与解释—发展路径”的行文路线，综合运用理论分析、模型推演以及计量实证模型等手段展开研究。本书主要的研究方法、内容和结论如下：

第一，作为理论和实证研究的基础，本书回顾了中心地理论、非均衡增长理论、规模外部性理论和新结构经济学理论，结合新型城镇化战略发展的需要，首次对中小城市发展做了明确的科学阐释，同时，重点分析了中小城市的发展困境和趋势。在此基础上，结合中小城市发展的理论渊源和认识误区，识别了中小城市发展亟待解决的关键问题，继而分析和构建了中小城市发展亟待解决的关键问题的相互关联与分析框架。基于此，本书在后续四点中分别从专业化视角、效率提升视角、供需视角和城市群视角四个角度展开实证研究。

第二，基于专业化的角度，本书构建了城市等级指数，进而研究了城市等级对中小城市发展的影响。主要结论如下：①主成分分析结果表明，中小城市等级的高低不仅取决于城市产业的专业化和多样化程度以及城市经济绩效，而且还取决于中小城市功能在塑造城市发展动力中的作用；②探索性分析结果表明，在空间异质性固定情况下，城市等级越高，城市就业增长率越高。

第三，基于效率提升的角度，本书在定性分析产城融合内在机理及其对中小城市发展作用的基础上，建立耦合度模型、协调度模型和计量模型，并加以实证检验，得出如下结论：①耦合度和协调度分析结果表明，地区差异是影响中小城市产城融合协调和失衡状况的重要因素；②实证研究表明，全国、东部和西部地区中小城市的产城融合对经济效率提升具有显著的积极作用，固定资产投资、人力资本和对外开放度具有显著积极作用，而普通劳动力、落后的交通和技术则起着显著抑制作用。

第四，基于供需的角度，本书通过理论模型推演和实证计量分析了就业集聚对中小城市发展的影响，研究结论如下：①本地效应和邻近效应共同决定了中小城市本地就业外部性规模；②邻近地区的当地规模外部性促进了中小城市本地的就业增长；③中小城市的多样化产业结构效应和恶化的就业基础环境抑制了中小城市的就业增长，而高质量的人力资本和完善的就业公共服务则促进了中小城市的就业增长。

第五，基于城市群的角度，本书分析了我国12大城市群内部中小城市与大城市协同发展的程度，主要结论如下：①分形计算模型的计算结果分析表明，我国城市群内部中小城市与大城市的分布具有不平衡的分形特征；②齐普夫定律检验结果表明，在发展相对成熟的城市群中首位度城市和次位度城市在城市群中占据绝对的"领导"地位，中小城市在要素吸取上存在"低位"短板。

最后，基于上述理论分析和实证研究结果，提出了中小城市推进新型城镇化的发展路径。与已有研究文献和成果相比，本书的创新点主要体现在以下几个方面：

第一，首次提出和识别了新型城镇化背景下中小城市发展的科学内涵和亟待解决的关键问题。从城市发展思路、理念、方向和目标出发，提出了等级提升、产城互动、集聚升级和协调发展"四位一体"是新型城镇化背景下中小城市发展的重要内涵的观点。同时，基于中小城市发展的现状和趋势，结合中小城市发展的理论渊源与认识误区，识别了四大中小城市发展亟待解决的关键问题，并深入分析了四大关键问题之间的关联，为中小城市发展研究提供了分析框架。

第二，提出了城市功能专业化对城市和区域经济发展起着重要作用的观点。目前，在城市等级划分标准方面，学者尚未达成统一的共识，且多以城市人口规模作为划分城市等级的单一标准，忽视了城市功能在塑造城市发展动力中的作用，本书综合考虑城市功能、产业专业化和多样化程度以及经济绩效等多种因素来测度城市等级，这既是对已有研究空白的弥补，又较好地阐释了现实中存在的中小城市规模与等级不一的现象。

第三，深化了对中小城市产城融合和规模外部性的认识。首次构建了以经济效率提升为导向的产城融合促进中小城市发展的理论模型，并加以实证检验。同时，从"本地效应"和"邻近效应"两个维度考虑规模外部性问题，是对苏红键、魏后凯和邓明（2014）提出的城市集聚经济多维模型的进一步补充和扩展。

第四，运用系统和多维的视角开展了中小城市发展关键问题的理论分析和实证研究。基于系统视角，站在全局的高度，不仅关注了中小城市的自身发展，还强调了中小城市在区域经济发展中的地位作用。从专业化、效率、供需和分形等多维视角出发，为后续的实证检验开辟了新的研究方向。同时，对我国区域划分范围或城市群范围内的中小城市样本开展实证研究，仍是具有价值的基础性研究。

目 录

第一章　引言

最近20年来，追求提升竞争力、福利、可持续性和协同集聚等新的社会目标使得诸如欧洲和美国等城市重新踏上政策研究日程，这是城市增长的驱动力，也是城市发展面临的复杂性问题和矛盾。同时，从系统分析的角度看，中小城市发展的科学内涵及发展路径仍然是研究的重点。

第一节　研究问题、目标与意义

一、研究问题

（一）研究背景

（1）新趋势：中小城市在城市和区域经济增长中的地位和作用日益凸显。在全球视域下，城镇化是国家现代化的重要标志和必由之路，是推动经济持续健康发展的强大引擎，是推进产业结构转型升级的重要抓手，是推动区域协调发展的有力支撑。与世界发达国家相比，我国城镇化虽然起步晚，但发展速度很快，2017年常住人口城镇化率已达到58.52%[①]。就目前城镇人口和城镇空间形态的标准来看，我国初级城市型社会已基本建成[②]。但是从城乡统筹、产城融合互动及社会、经济、文化和生态系统协调等方面看，我国理想的城市型社会尚未形成。城镇化不单是农村人口向城镇人口转移的过程，在转移过程中更要

---

① 截至2016年底，从城乡结构看，国家统计局公布的宏观经济数据显示，城镇常住人口79298万人，比上年末增加2182万人，乡村常住人口58973万人，比上年减少1373万人，城镇人口占总人口比重（城镇化率）为57.35%。2017年常住人口城镇化率为58.52%，比上年末提高1.17个百分点。

② 中国社会科学院2012年发布的《城市蓝皮书：中国城市发展报告NO.5》指出，中国目前还处于初级的准城市型社会阶段。在未来5~10年（2017~2022年），将是中国实现由乡村型社会向城市型社会转变的关键时期，而推动农民市民化、提升城市品质、促进城乡融合共享，着力提高城镇化质量，将是实现社会转型的关键和核心所在。

关注城镇化质量的提高[①]。高质量的新型城镇化是我国城镇化健康发展的关键。新型城镇化广义地讲，是以城乡统筹、城乡一体、产业互动、节约集约、生态宜居与和谐发展为基本特征的城镇化，是大中小城市、小城镇、新型农村社区协调发展、互促共进的城镇化。李铁[②]更是站在区域战略的角度下，站在全局的立场上认识城市的发展，指出实现高质量的新型城镇化，要重视城市群内各类城市的发展[③④]，更要支持中小城市的发展，关注中小城市在促进经济发展特别是实体经济发展方面发挥的积极作用[⑤]。因此，开展关于中小城市发展在城市/区域经济增长中的地位和作用的研究则显得尤为必要。

改革开放以来，虽然城镇化已取得很多重大突破，但目前我国新型城镇化依旧存在城镇化总体水平偏低、驱动力减弱、城镇体系有待优化、土地集约利用不足、产城融合失衡、就业结构滞后于产业结构和农民身份亟待转化等一系列问题。中小城市，除了具有新型城镇化高质量发展存在的共性问题外，还具有自身的问题。目前，中小城市在新型城镇化进程中尚存在以下问题：一是城市功能专业化不强；二是产城融合程度偏弱；三是集聚能力不强；四是区域内发展不平衡，特别是城市群内部中小城市和首位城市存在着发展反差，表现出功能专业化不强、产城融合失衡、区域协调不成网络等特征。当前，中国等级化的城市管理体制导致中小城市资源分配和流向受限，城市之间恶性竞争[⑥]，降低了中小城市自身和整个城市群的运作效率，制约了城市的可持续和协调发展。

（2）新焦点：明晰中小城市发展路径是我国现阶段城市健康可持续发展和城市群质量提升的关键。中心地理论认为城市群发展需有不同等级的城市，中小规模城市也是重要的一环。随着城镇化的推进，中小城市作为城市群塑造城

① 由于传统的城镇化模式主要体现为粗放扩张型，即在工业化推动下城镇人口规模的迅速增长、城镇空间无序膨胀、资源大量消耗、城镇环境显著恶化，这种只重规模的发展模式导致的各种城市问题开始出现并大有加剧趋势。集约、智能、绿色、低碳的新型城镇化发展应运而生。

② 国家发展改革委员会城市和小城镇改革发展中心前主任、首席经济学家李铁长期关注于我国中小城市和小城镇发展问题，并提出中小城市的发展面临众多新机遇，正成为各方关注的热点问题。

③ 中国科学院可持续发展战略研究组组长、首席科学家牛文元主编的《2005 中国可持续发展战略报告》与李铁持有相同的观点，他认为，不同规模的城市是一个有机的整体，城市规模结构是一个具有等级、共生、互补、高效和严格“生态位”的开放系统，大、中、小城市都应当在统一规范下得到合理的发展，组团式城市群的形成与完善是实现城市可持续发展的正确选择。

④ 张鸿雁在【张鸿雁．中国新型城镇化理论与实践创新［J］．社会学研究，2013，28（3）：1-14+241.】一文中就已经提及，新型城镇化的设计与管理应该建构一个以都市圈“发展极”城市为引领，大中小城市并举，具有地域差序化格局的城镇发展体系。

⑤ 陈昌智在【陈昌智．积极培育和发展新生中小城市［J］．人民论坛，2017，（12）：6-8.】一文中提及，城镇化城市整体数量偏少、中小城市增长严重不足仍是我国的最大短板，应积极培育新生中小城市。本书关注中小城市的培育新生问题，更关注已有中小城市的高质量发展问题，特别是关注中小城市在城市和区域经济增长中的地位和作用。

⑥ 在中国现行的行政区域管理下，资源分配多集中于高等级城市，导致低等级城市的发展受到很大遏制。这也导致城市和城市不是协作的关系，而是竞争的关系。

市体系不可或缺的重要环节，其内在推动和外在拉动城市发展的动力将会越来越复杂，其发展路径也会随之变化[①]。因此，深入探索中小城市发展的现实基础和关键路径，能够为城市体系结构完善和城市可持续发展提供新动力，具有重大的学术价值和实践意义。

中小城市发展面临的核心问题是其城市等级问题。长期以来，通过促进城市专业化或多样化发展以加快城镇化建设这一观点存在争执，且这种争执多以社会福利和规模经济为判断标准。而中心地理论认为，城市等级与城市规模不能画等号。我国现有的城市等级是根据城市人口规模进行划分的，虽然城市等级与城市人口规模密切相关，但这种划分方法忽略了具有城市本质特征的城市功能这一城市发展的动力因素。党的十八大以来中央提出了"增强中小城市和小城镇产业发展、公共服务、吸纳就业、人口集聚功能"的发展定调[②]。党的十九大提出要向省以下地方政府下放权限，权力的逐级下放，有利于激发行政等级较低的中小城市和小城镇发展的活力。由此可见，由中小城市资源吸附能力弱、城市功能专业化水平低等引发的城市等级高低不同、城市经济发展内生动力不足的问题已经得到足够重视，这也为城市等级对中小城市发展的影响的研究提供了崭新的机遇和广阔的空间。

与中小城市功能提升密切相关的问题就是"以人为本"的产城融合[③]。我国现阶段的城镇化常存在有城无业和有业无城的问题，不是存在空城、"鬼城"的现象，就是存在产业发展缺少城市功能配套的情况。城镇化作为通向现代化的必经途径，存在着效率低下的现实问题。产城融合互动是以"人"为连接点的，用系统思维实现产城融合，就要综合考虑"产""人"和"城市功能"三者[④]的融合。从"人"的角度出发，产城融合的最终目标是在实现"人"的效用提高的基础上，促进产业和城市的共同繁荣发展。换句话说，新型城镇化就是要推进人口和产业的双转移，两者之间的有效互动和融合上升是城镇化健康发展的内生动力。国家发改委关于印发《服务业创新发展大纲（2017—2025年）》的通知提出，要增强中小城市和小城镇服务功能，充分发挥中小城市和小城镇集聚产业、服务周边和带动农村的重要作用。不可否认，未来，服务业将成为中

① 我国的城镇化发展水平不高，之所以出现质量和数量不协调的问题，主要原因在于随着我国经济社会的发展和时代的进步，传统的城镇化动力机制已经不能适应新的形势。这就需要从中国国情出发，坚持问题导向，围绕提高质量，重构城镇化发展动力机制，着力推进农业转移人口市民化，解决"1亿人"的进城问题。

② 本书从本地专业化角度出发，用不同行业就业人数来度量功能专业化水平，同时考虑生产功能和服务功能两个方面。

③ 城镇化高质量发展的关键就是要解决两个重要问题，一个是人与自然的关系；另一个是人与人之间的关系。人与自然的关系就是解决生态文明、绿色发展等问题，而人与人之间的关系就是解决大小城市之间协调发展的问题。

④ 城市功能主要指服务业作为城市功能的主要供给载体，是"产"的组成部分；"产"主要指工业，也是"产"的组成部分；"人"主要指劳动力，既是产业发展的投入要素，又是城市功能的直接需求方。

小城市的主导产业和重要支撑。中小城市的经济发展要充分发挥集聚经济的作用，以促进经济效率的提高。因此，正确认识中小城市服务业集聚与人口城镇化、经济城镇化、空间城镇化、公共服务城镇化和生态城镇化之间的融合互动，研究中小城市产城融合互动对城市经济效率提升的影响程度，将关系着中小城市未来现代服务业的发展、中小城市的高质量发展和城市竞合问题。

如果说以上问题的提出是基于中小城市自身可持续发展的视角，那么，本书将考虑从城市群内部中小城市与大城市协调发展的角度出发，围绕以下背景和问题对中小城市发展展开研究。

2000~2015 年，我国城镇化率由 36.2% 提高至 56.1%，但中小城市及其直接影响和辐射区域的城镇化率仅为 38.1%，远低于全国平均水平，和大城市存在明显的差距[①]。中小城市是我国城市群网络体系的关键节点和基础构架，各地中小城市的理念认识、发展现状、资源禀赋、产业基础和基础设施等发展差异较大，城镇化水平不一，特别是集聚外部性，它在地区经济发展中起着关键作用，合理阐释了城市经济发展跨区域的差异性。一地的高就业增长率不仅取决于本地的就业增长率，还得益于邻近地区的就业增长率。换言之，在不同的供需条件和地区基本特征下，研究中小城市就业集聚外部性的构成，以及中小城市多样化产业结构、高质化人力资本、就业基础环境和就业公共服务对地区就业增长的抑促作用，这不仅关乎中小城市的区域平衡和城市空间协同发展目标的树立，还有助于中小城市就业增长政策的推进以及中小城市产业和城市发展战略的制定。

目前，区域经济进入发展阶段，提高城市群质量，推进大中小城市网络化建设[②]和协调发展成为新型城镇化的重要目标。换言之，由中小城市与大城市组成的城市群日益成为区域重点开发及区域协调发展的主要形式。我国城市群仍具有大中小城市分布不均衡的显著特征，而且，在人流、财流、物流和信息流规模方面具有显著的分形特征。因此，科学合理地认识我国城市群内部中小城市与大城市的分形特征，重视经济发展，同时加强城市之间人流、物流和信息流的合理布局和联合互动，重视中小城市发展，加快构建和完善成熟的城市群等级规模结构体系，对促进城市群中小城市与大城市的分工合作和协调发展、推进新型城镇化的纵深发展具有重大的理论意义和实践意义。

---

① 资料取自中小城市发展战略研究院、中国城市经济学会中小城市经济发展委员会和中国中小城市科学发展指数研究课题组发布的《2016 年度中国中小城市科学发展指数研究成果》。

② 学者陈建军认为，大中小城市的网络化建设主要是指大中小城市之间点、线、面关系的整合。点，就是大小城市这样一个节点；线，就是交通网络、信息网络、产业分工网络和社会网络；面就是由点、线所形成的一个空间网络。这个空间网络包括三个部分，社会之间的社会网络；产业分工的网络；城市功能之间联系的网络。

（二）问题提出

本书的科学问题是“新型城镇化背景下中小城市发展的科学内涵为何？关键问题为何？作用路径为何？”。随着新型城镇化的推进，中小城市成为城市体系不可或缺的重要环节。截至 2016 年底，中小城市直接影响和辐射的区域面积达 934 万 km^2，占国土面积的 97.3%；中小城市人口达 11.74 亿，占全国总人口的 85.41%；中小城市及其影响和辐射的区域经济总量达 57.45 万亿元，占全国经济总量的 84.9%，中小城市在国民经济中地位越来越重要。2000~2017 年，我国城镇化率由 36.2% 提高至 58.5%，但中小城市及其直接影响和辐射区域的城镇化率仅为 38.1%①，远低于全国平均水平，和大城市存在明显的差距。所以，以我国现有的中小城市为研究对象开展相关问题研究具有重要的实践意义。然而，在新型城镇化战略背景下，中小城市仍存在发展水平低下的问题，如城市功能专业化不强、产城融合程度偏弱、要素集聚能力不强、区域内发展不平衡及城市群内部中小城市和首位城市存在发展反差等，表现出功能专业化不强、产城融合失衡、区域协调不成网络等显著特征。因此，对中小城市发展的科学内涵、关键问题和作用路径的探讨显得尤为重要与紧迫。为有效解决中小城市发展问题，应重点关注城市等级提升、产城融合上升、集聚能力提升和协同能力提升等关键问题，探究各个关键问题对中小城市的影响，进而提出中小城市推进新型城镇化的发展路径，以促进中小城市自身的可持续发展及其与大城市的协调发展。综上，深入探索新型城镇化背景下中小城市发展的科学内涵、关键问题及作用路径，为完善城市体系结构和促进城市可持续发展提供新动力，具有重大的学术价值和实践意义。

二、研究目标

本书以现有中小城市为研究对象，旨在实现以下四个目标：一是探究城市等级与中小城市发展之间的关系；二是揭示产城融合内在机制及其对中小城市发展的作用机制；三是明晰多维集聚经济效应构成及其对中小城市发展的作用机制；四是分析城市群内部中小城市与大城市的要素分布与协调互动程度。

三、研究意义

新型城镇化战略下中小城市等级提升、产城融合、集聚能力和协同能力的问题是学界和政府比较关心且一直讨论的热点问题，也是直面我国不同地区或城市经济发展差距的现实问题。本书运用中心地理论、非均衡增长理论、规模

① 2015 年数据。

外部性理论和新结构经济学理论，以中小城市发展为切入点，从专业化、效率提升、供需和城市群等多个视角出发，对新型城镇化背景下中小城市发展的科学内涵和作用路径进行探讨，为城市 / 城市群体系结构完善和城市可持续发展提供新内涵、新动力和新对策。

（1）为新型城镇化背景下中小城市发展的关键问题的研究提供了系统和多维的分析框架。基于该系统分析框架，深入把握和解决专业化视角下的中小城市等级问题、效率提升视角下的产城融合问题、供需视角下的就业集聚问题和城市群视角下的中小城市与大城市协调发展问题等，不仅有助于对已有理论研究进行补充和扩展，还有助于根据理论分析提出新的实证研究命题。

第一，进一步完善了中小城市发展的理论架构。从等级提升、产城融合、集聚升级与协同发展四个方面明确了中小城市发展的思路、理念、方向和目标，丰富了中小城市发展的基本内涵。从城市等级提升、产城融合上升、集聚能力提升和协同能力提升四个方面明晰了中小城市推进新型城镇化的发展路径，为中小城市的发展提供了新内涵、新动力和新路径，极大地完善了中小城市发展的理论架构。

第二，进一步丰富了中心地理论、非均衡增长理论和规模外部性理论。一是将城市功能引入城市等级衡量框架中，更切实际地考虑城市功能专业化在城市或区域经济增长中的作用，这不仅有助于解释中小城市的规模与等级不一致的现实情况，还有助于中心地理论研究成果的进一步丰富和完善。二是通过对城市等级与中小城市就业增长率、产城融合与中小城市经济效率、集聚经济与中小城市就业增长、中小城市与大城市协同发展的理论模型构建与实证检验，深入分析了非均衡增长理论在阐释城市发展中的作用，极大地丰富了非均衡增长理论。三是重点将邻近性考虑到中小城市就业集聚外部性的分析框架中，通过实证检验得出中小城市就业增长的集聚外部性规模是由其本地效应和邻近效应共同决定的，这是对规模外部性理论的新探索和补充。

第三，进一步拓展出新的实证研究命题。以往关于中小城市的研究多停留在思辨层面，多以定性研究为主。本书在现有研究的基础之上，结合相关理论，聚焦中小城市发展的等级提升、产城融合、集聚能力和协同能力等基本问题，采用理论推导或模型推演的方式提出具有针对性的研究假设，为后续的计量实证检验拓展新的研究命题。

（2）其现实意义在于，通过对我国数据进行实证分析，有利于认识我国中小城市在区域经济发展中的地位与作用，分析中小城市发展的现状与趋势，明晰中小城市推进新型城镇化的作用路径，为城市可持续或区域协调发展提供一定的借鉴价值。

第一，为城市和区域发展提供基础性资料和支持。运用不同的计量统计指标和计量方法，结合 SPSS、Stata 等统计分析软件和 ArcGIS、GeoDa、地图慧等空间分析软件，客观分析和描述目前我国中小城市等级提升、产城融合、集聚能力和协同能力的现状和趋势，为城市和区域协调发展提供基础性资料和支持。

第二，为城市和区域发展政策的制定提供决策支持和有益建议。采用理论研究、计量实证研究和比较研究等方法揭示中小城市发展的现状与趋势，提出促进中小城市发展的对策建议，为各地政府制定和调整中小城市发展的理念、思路、方向和目标提供决策支持，为促进城市和区域经济发展提出合理、有益且具有应用价值的对策建议。

第二节 相关概念界定与研究范围确定

一、相关概念界定

（一）新型城镇化背景下中小城市发展的概念界定

国家重大发展战略和规划、国内外主流思想和观点都赋予了新型城镇化背景下中小城市发展新的内涵，是中小城市发展的重要导向和指引。

1. 国家重大发展战略和规划赋予中小城市发展新的内涵

首先，党的十六大、十七大、十八大和十九大分别提出，“走中国特色的城镇化道路”“大中小城市和小城镇协调发展”“四化同步”和“走经济高质量发展的新型城镇化道路”，可见，城镇化将促进中国新时代的经济发展。与此同时，我国城市发展经历了“小城镇、大问题”“小城镇、大发展”和“小城镇、大战略”的转变，发展中小城市的战略被不断赋予新的内涵。

其次，“十二五”规划纲要指出，要以大城市为依托，以中小城市为重点，形成辐射作用大的城市群，促进大中小城市和小城镇协调发展。“十三五”规划纲要指出要以人的城镇化为核心、以城市群为主体形态、以城市综合承载能力为支撑、以体制机制创新为保障，加快新型城镇化步伐。

最后，《国家新型城镇化规划 2014—2020 年》进一步指出，把加快发展中小城市作为优化城镇规模结构的主攻方向，完善功能配套，增强集聚要素的吸引力。

由此可见，中小城市是新型城镇化战略布局的重要支点，是防范“大城市病”、构建和谐城市的实验场，也是新型城镇化建设的主阵地和重要载体。中小城市与新型城镇化、城市群建设密不可分，只有提高中小城市的集聚能力、完善城市功能、推进产城融合互动、加快城市群内部大中小城市协调发展，才能加快推动中小城市自身的可持续发展、促进区域协调发展。

2. 国内外主流思想和观点也赋予中小城市发展新的内涵

（1）城镇化、城市化和新型城镇化。

首先，学术界对“城镇化”和“城市化”的认识不同。在国外，两者都是伴随着工业化而产生的经济和产业结构变化，同时是促进城镇人口和农村人口此消彼长、居民生存区位和生活方式向城镇转移并维持稳定的过程。在我国，城市化一派认为应以大城市为核心，带动和辐射周边城市发展，使小城镇向小城市转型升级；城镇化一派则认为城镇是城市化进程中重要的一环，城镇化与城市化发展应同时并举，采取适当的、倾向于城市发展的政策，将城镇化作为城市发展的重要环节。目前，国家新型城市发展战略的实施大力推进我国城市从城市化向城镇化的转变，这更符合我国的实际发展情况，是实事求是探索出的必由之路。可以说，城镇化是中国特有的，它不同于国外的城市化。

其次，学术界对“城镇化”与“城市化”内涵的界定不同。在国外，以库兹涅茨为代表的一些学者认为，城市化是人口从乡村向城市集中的过程；以克拉克为代表的学者认为，城市化是第一产业人口向第二、第三产业人口转换的过程。以上两种观点的结合，不仅体现了人口结构分布的变化，还揭示了人口结构分布变化背后的经济结构演化本质。在国内，不同学派对“城镇化”内涵的界定不同，从人口学的角度看，城镇化是人口在城镇集中的趋势，即人口城镇化；从社会学的角度看，城镇化是农民市民化的过程，是农民城镇生活方式改变和强化的过程，即社会城镇化；从经济学的角度看，城镇化是不同等级地区的要素流动和产业结构变迁的过程，即经济城镇化；从生态学的角度看，城镇化是以生态理念为主旨，将生态文明建设融入到城镇化的全过程，体现了人本化和个性化，即生态城镇化。不同学科领域的侧重点不同，研究角度也不相同。综上，城市化有多层含义，包括人口结构变化、经济结构变化、生活方式变化和生态文明变化等。可见，中小城市发展应是集经济、社会、文化和生态为一体的城市化。

最后，学术界对“新型城镇化”与“城市化”内涵的界定不同。在国外，城市化更多关注的是人口与社会经济活动在城市层面的集聚过程。如英国和法国追求大城市的发展，美国和德国追求中等城市的发展，日本和韩国则追求大城市群的发展。国外在城市发展空间定位方面都特别强调城市偏向。在国内，新型城镇化考虑的是人口与社会经济活动在地理空间上的适当集中与均衡分布。一些学者认为，应大力发展城市群，加快发挥大城市集散效应；另有学者认为，应加快发展中小城市，充分利用现有城镇基础设施吸引人口集聚。不论是优先发展大城市，还是推进中小城市发展，其目的都是实现城镇化的均衡发展。还有学者认为，人口和产业从农村到城市的双转移[①]是个系统工程，中小城市自然成为衔接大城市和小城镇的中枢和过渡带。中小城市具有大城市人口和产业集聚的优势，也具有向小城镇辐射与扩散的优点，中小城市发展已经不再是单纯地转移农村人口到城市中去，更重要的是推进城市与城镇之间的协调发展和均衡再分配。当前，新型城镇化关于"大中小城市和小城镇合理分布"的分类调控理念就体现了这种倾向：发展一批中心城市，强化区域服务功能；以提升质量和增加数量为方向，加快发展中小城市。中小城市发展应是因地制宜、特色鲜明、产城融合、优势突出的新型城镇化[②]，这为科学界定中小城市发展的科学内涵提供了重要依据。

（2）城市化质量、城市发展水平与城市发展质量。

城市化质量主要反映城市人口规模的变化、城市化水平的变化和产业结构的变化等宏观现象。广义地理解，城市发展水平包括城市发展的数量和质量两个方面，广义的城市发展质量也包括城市发展的数量和质量两个方面，因此，可认为广义的城市发展水平与广义的城市发展质量含义等同。城市发展质量是一个处于不断变化和发展过程中的概念，具有复合性和包容性的特征，其内涵丰富且不易把握，目前尚无统一的定义。不同学者基于不同视角给出了自己的认识。叶裕民（2001）认为，城市发展质量体现在农业人口向非农业人口的转变，以及农村地域向城市地域的转变。国家统计局城调总队与中国统计学会城市统计委员会研究组（2005）认为，城市发展质量更多地体现在社会、经济和政治领域的协调发展。苗建军等（2005）提出，城市发展质量不仅要考虑城市本身的发展程度，还应该考虑城市经济集聚和扩散能力，更应该考虑其与区域的协调发展程度。鲍悦华和陈强（2009）认为，城市发展质量是城市在发展过程中，各种功能的发展水平及其满足公众当前与未来需求的程度。城市发展质量是宏观层面和微观层面的组合，宏观层面的城市发展质量包括城市经济发展质量、产业发展质量、社会发展质量、人居环境质量和城乡协同状况等，微观层面的城市发展质量包括企业发展质量、产品及服务质量等。马静、李小帆

① 在国外，城市（Urban）包括城市（City）和城镇（Town），所以城市化（Urbanization）是农村人口向城市或城镇的集中，是城市或城镇通过发展第二产业和第三产业来吸纳农业人口的过程，不论是城市，还是城镇，城市化的本质内涵是促进农村人口转移和产业转型升级。

② 内容取自《"十三五"规划纲要》。《纲要》明确提出"推进大中小城市和小城镇合理分布"的重要论断。

和张红（2016）认为城市发展质量是一个系统，是经济发展质量、社会发展质量和生态空间发展质量三个子系统相互作用与协调互进的综合性系统。综合来看，目前对城市发展质量的界定主要围绕三个方面展开：一是城市构成要素或功能的发展水平；二是要素或功能间的协调性；三是城市功能发展对人需求的满足程度。不同观点间的区别在于对上述三个方面内容的阐述方式存在差异。由于城市功能发展对人需求的满足状况可以通过对城市构成要素或功能发展水平的认识获得，如果城市经济社会发展水平高且经济社会协调性好，则可以判断出城市发展可以更好地满足人的发展需求。因此，城市发展质量只需从前面两个角度界定即可。从系统论出发，对城市发展质量的界定如下：城市发展质量是指在城市发展过程中，城市各子系统综合发展水平及其子系统间发展的协调性水平。区别认识城市化质量、城市发展水平与城市发展质量，为科学界定中小城市发展的内涵提供了方向和思路。

3. 新型城镇化背景下中小城市发展的科学内涵界定

一般而言，新型城镇化强调以人为本、进城农民市民化、城乡一体化，以及基本公共服务均等化等，以城乡统筹、城乡一体、产城互动、功能完善、个性鲜明、生态宜居、社会和谐为基本特征。中小城市发展具备了上述新型城镇化的基本特征。在国家重大发展战略和规划、国内外主流思想和观点赋予中小城市发展新内涵的基础上，结合辩证法的发展观①，从后续理论分析和实证研究相结合的角度进一步对其内涵进行科学界定，主要从中小城市发展理念、发展思路、发展方向和发展目标四个方面进行界定，其科学内涵包括：

第一，坚持“等级提升”的中小城市发展思路。改变以往单纯追求城市人口规模和城市空间扩张的建设和发展思路，向提供高质量服务、提升城市文化和城市等级的内涵转型，进一步强化中小城市服务功能，提升城市生产功能。

第二，贯彻“产城融合”的中小城市发展理念。通过践行集人口、经济、空间、公共服务和生态为一体②的以人为本的宗旨，着力建设工业化、信息化、城镇化和农业现代化同步发展的中小城市，促使金融支持产业发展、供应链服务城市发展，为产城融合③特别是服务业与城镇化融合夯实基础，将未来

---

① 辩证法的发展观认为：第一，要坚持发展的观念，把事物如实地看成是一个变化发展的过程，要明确事物在其发展过程中所处的阶段和地位，要坚持与时俱进，培养创新精神，使自己的思想符合变化了的客观实际。第二，分析事物时要坚持内外因相结合的观点。既要重视内因的作用，也不能忽视外因的作用。第三，要坚持适度的原则，要不失时机地促成飞跃，不仅要重视量的积累和变化，还要学会优化结构。

② 中国学者对新型城镇化概念的界定较多，如有学者认为新型城镇化是包含人口、经济、空间、社会、生态环境、生活方式、城乡一体化及创新与研发为一体的城镇化。本书的理论研究和实证分析相一致，主要包括人口、经济、空间、公共服务和生态五个方面。

③ 本书分析的是人口、经济、空间、公共服务和生态的城镇化与服务业集聚互动发展的产城融合问题。

的中小城市发展引向集约、智能、绿色、低碳的发展道路。

第三，主张“集聚升级”的中小城市发展方向。挖掘特色产业，突出比较优势，重视生产要素流动，即发挥资本流和劳动力流在城市发展过程中的作用。充分发挥产业和就业的规模效应和集聚外部性，推进产业和人口双转移，提升中小城市生产能力、人口消费能力、就业吸纳能力和经济增长能力，促进中小城市发展。

第四，实现“协同发展”的中小城市发展目标。以城市群为主体形态推进中小城市发展，明确中小城市在区域经济发展中的重要地位与作用，实现城市群内部中小城市与大城市的协调发展。

综上，结合中心地理论、非均衡增长理论、规模外部性理论和新结构经济学理论，本书认为新型城镇化背景下中小城市发展的含义不仅要包含中小城市的城市化，还应强调中小城市在区域经济发展中的地位与作用。中小城市发展是指当经济社会发展到一定阶段，表现特征出现了改变，即城市经济结构的优化、城市人口总数的逐渐增长、城市规模的扩大及城市生态环境的改善等，促进了城市内部功能与结构的完善，具体表征为城市功能专业化的提高、产城融合质量的提高、城市集聚外部性的提升、分工和专业化程度的加深等。根据本书的初衷，中小城市发展应该是城市功能普遍提升、产城融合上升以及与大城市协调发展的，通过发挥集聚效应和耦合效应，实现中小城市人口、空间、经济、公共服务和生态的全面协调，强化中小城市与大城市在人流、财流、物流和信息流方面的合理布局和分工合作，促进中小城市就业增长，提高中小城市经济效率。本书关于中小城市发展的研究，更多地集中在现阶段中小城市经济层面的发展。综上，中小城市发展是中小城市通过等级提升、产城融合、集聚升级和协同发展实现高经济效率、高就业增长和高协同分工的过程与结果。

（二）其他相关概念的界定

（1）新型城镇化：是以城乡统筹、城乡一体、产业互动、节约集约、生态宜居及和谐发展为基本特征的城镇化，是大中小城市、小城镇和新型农村社区协调发展、互促共进的城镇化，是以城市群为主体形态推进大中小城市和小城镇协调发展的过程。新型城镇化一般包括三个阶段，即农村城镇化、城镇城市化和城市现代化。本书侧重于城市现代化这一阶段的中小城市发展及其与大城市协调发展的研究。

（2）中小城市发展：简言之，广义的发展是总体上所说的发展，着眼于人类社会各方面的变化。狭义的发展即经济发展，着眼于物质生产方面的问题，如产出、就业和产业结构等。在中小城市发展的科学内涵的基础上，本书关于中小城市发展的研究仅关注中小城市经济层面的发展，具体是指在常住人口

100 万以下的城市实现高经济效率、高就业增长和高协同分工的过程与结果。

（3）城市等级：一般情况下，城市等级结构指的是在城市系统内，大小城市具有等级从属及职能联系的关系，它们按照规模和职能有规律地排列和组合。城市系统的大小层序及职能作用的规律配置，即为城市等级。本书中的城市等级指的是综合考虑城市功能、产业发展和经济绩效等多个维度共同作用得出的等级指数，而并非简单的城市人口规模等级。

（4）产城融合：是指产业与城市融合发展，以城市为基础，承载产业空间和发展产业经济，以产业为保障，驱动城市更新和完善服务配套，进一步提升土地价值，以实现产业、城市和人之间有活力、持续向上的发展模式。本书以服务业集聚来衡量产业发展，以新型城镇化来衡量城市发展，两者互相影响，共同促进城市和产业的繁荣发展。

（5）集聚经济：是指各种产业和经济活动在空间上集中产生的经济效果以及吸引经济活动向一定地区靠近的向心力，是促使城市形成和不断扩大的基本因素。本书用集聚效应来衡量集聚经济，并将其划分为本地效应、邻近效应、滞后效应、结构效应和密度效应。

（6）城市群内部中小城市与大城市协同：城市群是城市发展到成熟阶段的最高空间组织形式，是指在特定地域范围内，一般以 1 个以上特大城市为核心，以至少 3 个以上大城市为构成单元，依托发达的交通、通信等基础设施网络所形成的空间组织紧凑、经济联系紧密、高度同城化和高度一体化的城市群体。本书认为城市群内部中小城市与大城市协同主要是指要素协同程度，具体体现为人流、财流、物流和信息流的合理分布和协调互动程度。

二、研究范围的确定

目前，以城市群为主体形态推进城市发展是新型城镇化的重大发展战略。本书主要以城市群内部中小城市为研究对象，一是有利于分析中小城市自身发展的基本情况；二是便于分析中小城市在区域经济发展中的地位与作用；三是有助于更加清晰地认识城市群内部中小城市与大城市协调发展的实际情况。因此，本书借鉴相对成熟的城市群概念，并采用主流划分城市群的方法对中小城市（地级及以上城市）的研究范围进行了界定，进而从区域和城市群两个层面对中小城市的研究范围进行进一步确定，确保研究对象具有针对性和一致性。

（一）城市群研究范围的确定

关于城市群的划分，除京津冀、长三角和珠三角三大城市群之外，还涌现出新的城市群。现已露端倪的有山东半岛城市群、辽中南城市群、中原城市群、长江中游城市群、海峡西岸城市群、川渝城市群和关中城市群，这十大城市群是中国最有发展潜力的地区，已成为国民经济的十大支撑点。国家发改委课题组按照上述划分标准进行了相关研究，考虑到后续的分地区对比分析，将国务院批复的两个国家级城市群（北部湾城市群和哈长城市群）加入到研究中来，共计 12 个城市群。上述城市群是中国人口与经济活动的主要分布区域，基本能够代表中国的主要经济版图。

（二）中小城市研究范围确定

为了使研究对象更加明确，对中小城市的研究范围进行界定。参照《国家新型城镇化规划（2014—2020）年》的分类标准，依据其全市总人口数（城区常住人口）将城市分为巨大城市（1000 万人以上）、特大城市（500 万 ~1000 万人）、大城市（100 万 ~500 万人）、中等城市（50 万 ~100 万人）和小城市（50 万人以下）五大类。中小城市的研究范围由《中国城市统计年鉴（2017）》公布的 2016 年市辖区年末总人口数量（不高于 100 万人）来确定。

经统计，纳入本书研究的中小城市共 67 个，这些城市为本书的主要研究对象[①]。拉萨市、中卫市和陇南市由于数据不全暂不考虑，同理，2011 年才转为地级市的铜仁市和毕节市、2011 年被降为县级市的巢湖市、2012 年新增的三沙市、2013 年新增的海东市、2015 年被升级为地级市的儋州市、2014 年西藏自治区新增加的日喀则市和昌都市、2015 年升级为地级市的林芝市、2016 年升级为地级市的山南市、2016 年新疆维吾尔自治区新增的吐鲁番市和哈密市暂不考虑。由此，一方面，可以了解 2004~2016 年中小城市发展的整体演变过程和影响因素的动态变化情况；另一方面可以保证面板数据的持续性和可获取性，确保实证研究的完整性和科学客观性。

本书中的城市群内部首位城市的确定是基于美国学者杰斐逊（M. Jefferson）的 2 城市指数、4 城市指数和 11 城市指数概念。本书中的城市群内部首位城市和中小城市见附录一。本书第四章、第五章和第六章内容涉及这方面的研究。

（三）中小城市的分区域研究范围确定

分区域即东部、中部和西部三大区域，主要以各个地区所包含的地级及以上的中小城市为研究范围。

东部地区中小城市涉及 11 个省级行政区，分别为北京、天津、河北、辽宁、上海、江苏、浙江、福建、山东、广东和海南；中部地区中小城市涉及 8

① 中国城市经济学会中小城市经济发展委员会、中小城市发展战略研究院对中小城市的研究范围界定如下：中小城市不是建制市的概念，不仅包含常住人口在 100 万以下的建制市市区，也包括未成为建制市的县级及以上行政区划的中心城镇。截至 2015 年底，中国有建制市 656 个，其中，直辖市 4 个，地级市 291 个，县级建制市 361 个。在 291 个地级市中，178 个属于中小城市，占比 61%。本书以 2016 年末市辖区年末总人口数量不高于 100 万人的 12 大城市群内部的中小城市为主要研究对象，共计 67 个。

个省级行政区，分别是山西、吉林、黑龙江、安徽、江西、河南、湖北和湖南；西部地区中小城市涉及12个省级行政区，分别是四川、重庆、贵州、云南、西藏、陕西、甘肃、青海、宁夏、新疆、广西和内蒙古，但因研究需要舍去西藏，故西部地区中小城市涉及的省级行政区为11个。

据此，东部城市群共6个，包括京津冀城市群、辽中南城市群、山东半岛城市群、长江三角洲城市群、海峡西岸城市群和珠江三角洲城市群，共包括中小城市24个；中部城市群共3个，包括哈长城市群、中原城市群和长江中游城市群，共包括中小城市34个；西部城市群共3个，包括关中城市群、成渝城市群和北部湾城市群，共包括中小城市9个。

第三节 研究内容

本书共分为九章，章节安排如图1-1所示。

第一部分是基础理论篇：第一章主要概述了研究的背景、意义、目标、方法、内容和技术路线，对相关概念和研究范围进行了界定，并总结了本书研究的创新点。第二章对中小城市发展的研究现状进行了分析并予以总结性述评，确定了本书的研究命题、视角和方向。进而对中小城市发展的基础理论进行梳理并归纳理论性启示，为后续研究提供理论基础。第三章在分析中小城市发展的现状与趋势的基础上，提出中小城市发展中亟待解决的关键问题并构建本书的总体分析框架，进一步为本研究提供现实和理论基础。

第二部分是实证分析篇：第四章在城市功能分类的基础上对城市等级进行测度，进而分析了城市等级对中小城市就业增长率的影响。第五章构建了一个以服务业集聚与新型城镇化互动发展为代表的中小城市产城融合评价指标体系，运用耦合度和协调度模型对2004~2016年我国67个地级及以上中小城市的产城融合情况进行了测度，并分析了中小城市产城融合效应对其经济效率提升的影响。第六章基于中小城市的就业供需情况和基本特征，建立了中小城市就业集聚经济效应的综合分析框架及计量模型，采用面板IV-GMM探讨了2004~2016年我国67个地级及以上中小城市多维集聚效应对其就业增长的作用机制。第七章基于分形计算模型，运用2015年我国地级及以上城市的统计数据对我国12个城市群内部中小城市和大城市的分维特征进行了比较分析，进一步对12个城市群内部的中小城市和大城市是否接近齐普夫规律进行了实

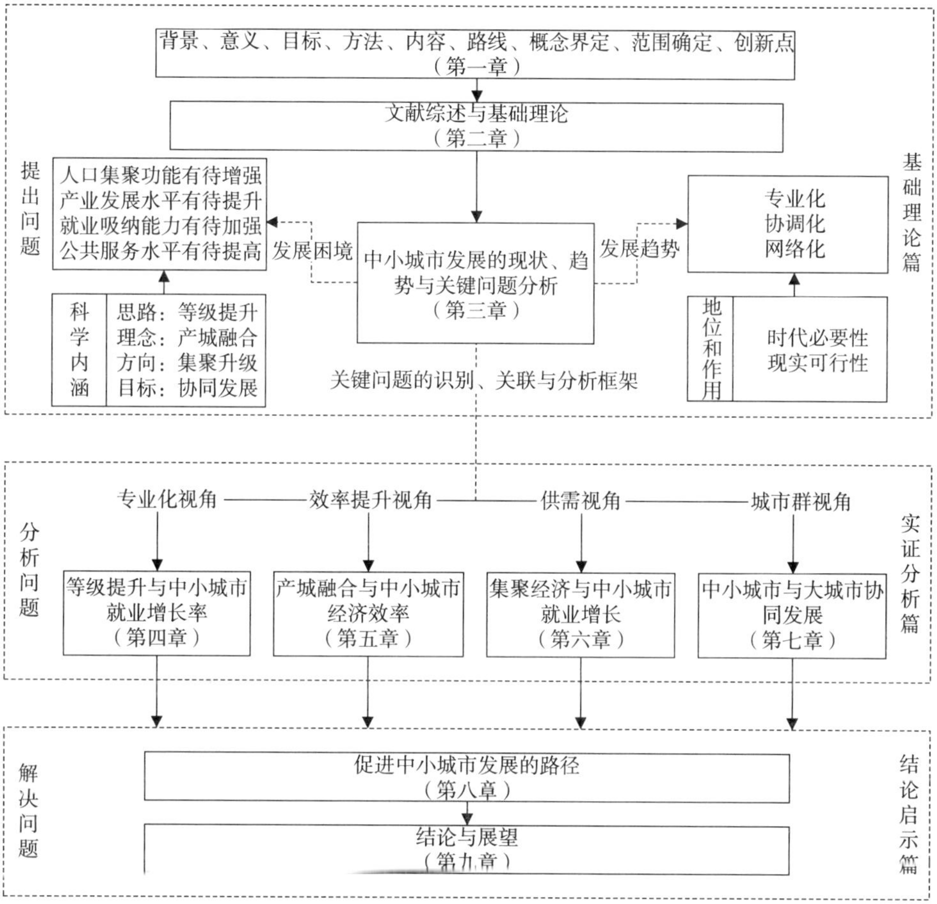

图 1-1 本书章节安排

证分析。

第三部分是结论启示篇：第八章提出了推进中小城市新型城镇化的发展路径；第九章首先总结了本书的主要结论，其次指出了本书存在的不足之处，最后对本书有待进一步研究的问题进行了归纳与总结。

第四节 研究方法

中小城市这一研究对象具有系统性和复杂性，对中小城市发展相关问题的研究需综合运用多种研究方法。本书采取的研究方法有：

（1）文献分析法。通过持续跟踪检索国内外权威期刊，对契合本书切入点和与本书研究相关的国内外研究成果进行了长期而又深入的搜寻和梳理，尽可能全面地把握研究问题的最新进展。详细学习专业化、外部性、新型城镇化、集聚经济和分形理论的发展阶段及最新成果，结合课题需要、专家指导、团队交流以及个人思考，明晰核心概念、界定研究范围、定义关键变量并提出本书的研究思路及全文分析框架。

（2）系统分析法。对中小城市发展的动力机制问题的研究涉及中小城市等级提升、产城融合、集聚能力和协同能力等问题，因此，本书采用城市经济学、区域经济学、经济地理学、产业经济学、新结构经济学和系统科学等学科的相关理论、方法和技术手段，在方法上特别强调多种学科的交叉与融合。同时，从专业化、效率提升、供需和城市群等不同视角和角度出发，揭示了新型城镇化战略背景下中小城市发展的动力机制，使问题分析更清晰和更具针对性，有助于更好地寻求解决问题的办法。跨学科、多角度的系统理论分析方法是本书研究的重要方法，为理论研究和创新提供了良好的条件。

（3）模型构建法。本书重视运用模型构建方法，在本书的理论分析中，重视使用基本的、规范的经济学研究方法——抽象模型，即通过一定的假设，建立抽象模型，揭示作用机制。在第四章到第七章关于中小城市发展的关键问题的理论分析和实证模型构建中大量运用了模型构建的方法。

（4）主成分分析法。主成分分析法主要是将原有多个不同的且具有相关性的指标进行重新组合形成新的互不相关的综合指标的方法。本书第四章在对城市等级进行测度时采用了主成分分析方法，得出城市功能、城市产业专业化和多样化程度、经济绩效为城市等级分类的主要因子，对主要因子的信息进行综合得出城市等级指数，进而分析城市等级对城市就业增长率的影响。

（5）耦合度和协调度模型。耦合度模型主要强调两个及两个以上系统间相互作用而彼此影响的程度。协调度模型则强调各系统及各系统组成要素共同构成整体时协同一致的程度。本书第五章采用耦合度模型和协调度模型分析了中小城市产城融合的耦合互动情况和整体协同效应。

（6）实证研究法。本书通过构建计量模型对研究假设进行实证检验。如第六章基于中小城市的就业供需情况和基本特征对中小城市的集聚能力问题进行研究，建立了包含中小城市就业集聚经济效应的综合分析框架及计量模型，进而采用面板 IV–GMM 探讨了 2004~2016 年中国 67 个地级及以上中小城市多维集聚效应对其就业增长的作用机制，并据此提出了相应的政策建议。

（7）对比分析法。文中对比分析法的应用主要体现在三大方面：一是第三章从人口集聚、产业发展、就业吸纳和公共服务四个方面将中小城市与大城市、特大城市和巨大城市进行对比，分析中小城市发展的基本现状；二是第五章从时间和地区两个维度对比分析了不同年份中小城市产城融合的实际发展情况；三是第七章对我国12大城市群内部中小城市与大城市的要素分维特征进行了对比分析。

（8）分维计算方法。分维计算模型是反映城市规模分布的等级差异的分析方法。本书第七章采用分维计算模型对我国12大城市群内部中小城市与大城市的要素分布特征进行了测度。一方面是对我国城市群内部中小城市与大城市的整体协调程度的分析，另一方面是对我国城市群内部中小城市与大城市在人流、财流、物流和信息流方面的协调程度的分析。

第五节 技术路线

本书围绕理论分析和实证分析两大主线开启了全文的构思与撰写，各章节间的逻辑联系由技术路线予以描述，如图1-2所示。具体研究思路：首先，运用文献分析方法对国内外相关研究进行详实梳理和系统述评，确定已有研究的不足和切入点，提出新型城镇化战略背景下中小城市发展的科学内涵、关键问题及作用路径为何的学术问题。其次，运用统计分析方法和系统分析方法，结合中心地理论、非均衡增长理论、规模外部性理论和新结构经济学理论等经典理论的启示以及中小城市发展的科学内涵，深入分析了中小城市发展的现状与趋势，明晰了中小城市发展的关键问题，进而构建了本书的总体分析框架。再次，综合运用理论分析、实证分析、主成分分析、耦合度分析、协调度分析、分形分析和比较分析等研究方法，从专业化、效率提升、供需和城市群等多个视角对中小城市发展的关键问题进行了理论模型构建和实证检验。最后，依据理论模型与实证检验的结果，提出推进中小城市新型城镇化的发展路径。

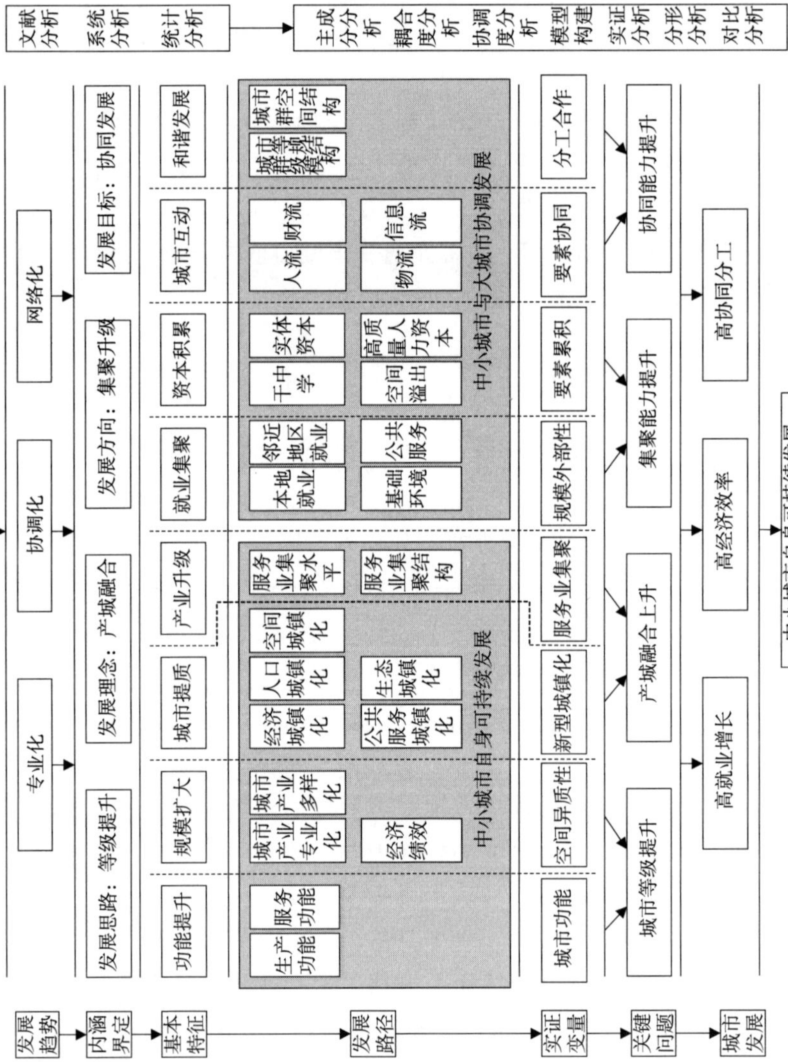

图 1-2 本书研究技术路线

第六节 研究创新点

目前，关于中小城市的研究多停留在思辨层面，或囿于数据的不可获取性，缺乏对中小城市发展的科学内涵进行系统、深入、全面的界定。本书对中小城市发展进程中面临的四大关键问题进行了科学、系统的测度，与已有研究文献和成果比较，有如下几方面的创新。

第一，首次提出和识别了新型城镇化背景下中小城市发展的科学内涵和亟待解决的关键问题。从城市发展的思路、理念、方向和目标出发，提出了等级提升、产城互动、集聚升级和协调发展“四位一体”的新型城镇化背景下中小城市发展的重要内涵。同时，基于中小城市发展的现状和趋势，结合中小城市发展的理论渊源与认识误区，识别了四大中小城市发展亟待解决的关键问题，并深入分析了四大关键问题之间的关联，为中小城市发展研究提供了分析框架。

第二，提出了“城市功能专业化对城市和区域经济发展具有重要作用”的观点。目前，在城市等级划分标准方面，学者尚未形成统一的共识，且多以城市人口规模作为划分城市等级的单一标准，忽视了城市功能在塑造城市发展动力中的作用。本书在综合考虑城市功能、产业专业化、多样化程度以及经济绩效等多种因素的情况下对城市等级进行测度，这既是对已有研究空白的弥补，又较好地阐释了现实中存在的中小城市规模与等级不一致的现象。

第三，深化了对中小城市产城融合和规模外部性的认识。首次构建了以经济效率提升为导向的产城融合促进中小城市发展的理论模型，并加以实证检验。同时，从本地效应和邻近效应两个维度考虑了规模外部性问题，是对苏红键、魏后凯和邓明（2014）提出的城市集聚经济多维模型的进一步补充和扩展。

第四，基于系统和多维的视角，开展了中小城市发展的关键问题的理论分析和实证研究。基于系统视角，站在全局的高度，不仅关注了中小城市的自身发展，还强调了中小城市在区域经济发展中的地位和作用。从专业化、效率提升、供需和城市群等多维视角出发，为后续的实证检验开辟了新的研究方向。

第五，对我国区域划分范围或城市群范围内的中小城市开展的实证研究，是具有价值的基础性研究。通过收集和归整 12 大城市群中 67 个中小城市的相关指标数据，开展区域划分范围和城市群范围内的实证研究。其中，一些指标的数据通过相关指标度量得到。如在考虑产城融合效应对中小城市发展的影响时，产城融合效应数据用中小城市产城融合的耦合协调度来表示。

第二章 基础理论与文献综述

第一节 基础理论

一、中心地理论

为什么现实世界中存在着许多不同规模及职能的城市，同时这些城市遵循着一个规律，即更大的城市提供更高质的服务。换句话说，目前，我们并不能解释为什么城市之间会存在等级之分。[①] 在 1826 年德国经济学家杜能（Thunnen）的农业区位论和 1909 年德国经济学家韦伯（Weber）的工业区位论的基础上，德国经济地理学家克里斯塔勒（Christaller）和德国经济学家勒施（Losch）分别于 1933 年和 1939 年提出城市区位论，即中心地理论（Central Place Theory）。这一理论全面系统地阐释了中心地的等级、特征、规模和分布模式，为本书中的城市 / 城市群等级研究奠定了坚实的基础。

（一）克里斯塔勒中心地理论

克里斯塔勒中心地理论反映的是一个区域内城市等级及空间分布的特征，核心是城市服务功能的空间网络体系规律。中心地理论认为，一个区域内的中心地是为居住在它周围的居民提供商品和服务的地方，即各种级别的城市。这些中心地提供的商品和服务档次不同，提供高级商品和服务的中心地叫“高级中心地”，往低级依次形成一个有层次的规律关系。反映在城市功能上就是不同级别的城市发挥着不同等级的功能效应，进而构成一个城市功能地域体系。

克里斯塔勒假设在均衡状态下，中心地的市场区域为蜂窝状六边形，有

---

① 克里斯塔勒（Christaller）曾提出这样一个问题“为什么城市有大有小？城市一定有什么安排它的原则在支配着”。带着这一问题，他走上探索城市分布规律的道路。通过对德国南部城镇的调查，于 1933 年发表了《德国南部的中心地》一书，全面系统地对这一问题进行了解答。

三个条件或原则影响中心地体系的形成，它们是市场原则、交通原则和行政原则。每个等级为 n 的中心地或市场区域有 k 个等级为 n–1 的中心地或市场区域；其中，k 是一个中心地与其次级中心地数量之间的比值，并且根据不同的区位布局原则，假定其比值为 3/4/7，那么这一比值是不变的[①]。通过该模型，得出一个重要的结论：每一个大中心地的产品生产或服务能力不仅和其自身等级有关，还受到次一级中心地的生产行为的影响。大中心地的优势在于自身具有较高等级的功能水平。因此，可以从一个城市的规模得出其相应的城市功能，并且每一个较高等级中心地都是一个从次级中心地到最低等级中心地的集合体。

（二）勒施中心地理论

勒施中心地理论是对克里斯塔勒中心地理论的进一步完善，它提出了一个一般均衡模型，以其来弥补克里斯塔勒模型的一个主要缺陷：克里斯塔勒模型假使城市等级中的比例系数 k 是常数。勒施定义了一些比例系数来划分城市等级，3/4/7 被采用，但其他比例系数也开始被采用，即特定的 9/12/13/16/19/21。事实上，廖什系数是克里斯塔勒系数在地理学上的简单倍数，它们均符合克里斯塔勒的三项原则。放松城市等级中比例这一假设，其影响依旧显著。它不仅消除了中心地规模大小与专业化之间的双向关系，还使一些实证性问题得以讨论，如在同等规模的中心地中，其各自功能的专业化以及出现这种情况的可能性等。因此，一个中心地可能正如克里斯塔勒模型所反映的那样，仅仅执行其自身的等级功能，而不执行其他所有功能。

根据勒施的研究，之所以如此构建经济空间，是因为有多个根据不同类型的产品和服务划分的不同大小和结构的六边形重叠。所有六边形都有一个提供产品和服务的中心地。区域的最终结构通过旋转叠加的六边形而得出，使得一些区域具有最大密度的中心地，并最接近于各个不同的生产地。最终结构产生了一系列交替出现的不同扇形区，分为高密度定居点扇形区和低密度居住点扇形区。这些扇形区从一个大城市辐射出来，并遵循运输体系的有效性形成相应的结构。相比克里斯塔勒模型，勒施模型更加贴近实际，更少自相矛盾。

二、非均衡增长理论

“城市 / 区域发展如何在集聚中走向平衡？”一直是国内外区域经济学家

---

① 克里斯塔勒认为，在开放、便于通行的地区，市场经济的原则可能是主要的；在山间盆地地区，客观上与外界隔绝，行政管理更为重要；在年轻的国家或新开发的地区，交通线对移民来讲是“先锋性”的工作，交通原则占优势。克里斯塔勒得出结论：在三个原则共同作用下，一个国家或地区，应当形成如下的城市等级体系：A 级城市 1 个，B 级城市 2 个，C 级城市 6~12 个，D 级城市 42~54 个，E 级城市 118 个。

和城市经济学家持续关注的研究主题[①]。佩鲁（F. Perroux）、弗里德曼（J. R. Friedmann）、缪尔达尔（G. Myrdal）和赫希曼（A. Hirschman）先后对这一问题展开了研究，并形成了非均衡增长理论。非均衡增长理论亦可称为城市发展理论，反映的是在一个连续空间内一个或多个城市 / 区域和交通干线共同构成的“中心—外围”的空间网络结构。在这个“中心—外围”的空间网络结构中，中心城市通过集聚效应实现自身的快速发展，同时通过扩散效应带动周边地区的发展。这一理论更多的是反映各城市 / 区域在经济社会发展方面的差异性，体现了城市与城市之间、区域与区域之间的不均衡性。该理论包括增长极理论、核心—边缘理论、循环累积因果理论和赫希曼非均衡理论。这为本书后续的地区差距、城市经济效率提升和就业增长的研究提供了理论基础。

（一）增长极理论

法国经济学家佩鲁（F. Perroux）于 1950 年提出了增长极理论。该理论认为，发展不会同时出现在所有地方，而是以不同强度首先出现在一些增长点或增长极上，这些增长点或增长极通过不同的渠道向外扩散，对整个经济产生不同的最终影响。佩鲁认为，经济增长并不会自动发生在所有经济部门，也不会同时发生在全国或地区境内所有地方。该理论主要强调培育特定范围内具有创新性和优势的主导产业，促进该区域增长极，进而带动其他相关产业的发展。

（二）核心—边缘理论

美国学者弗里德曼（J. R. Friedmann）在 1966 年发表的《区域发展政策——委内瑞拉案例研究》一文中提出了核心—边缘理论，这是对佩鲁增长极理论的拓展。它主要从扩散效应的角度来分析中心地区和外围地区，即地理上的中心本身就是能够促进地区发展的要素，进而带动外围地区发展。换句话说，增长极中心区在经济上发达，而边缘区则相对落后，区域由发达和落后的区域组成，且这种区域的发展由发达地区带动落后地区，最终形成共同繁荣的发展模式。

（三）循环累积理论

瑞典经济学家缪尔达尔（G. Myrdal）在 1957 年发表的《经济理论和不发达地区》一书中提出的循环累积因果理论是对佩鲁增长极理论的进一步拓展和完善，该理论通过扩散效应和回波效应更好地阐释了增长极对次级区域产生的积极和消极影响。同时，循环累积理论还反映了区域发展的两极化现象，即发展较好的地区会越来越好，而发展较差的地区却越来越差。另外，在扩散效应

---

① 陆铭和陈钊两位国内学者多年致力于城乡和区域发展的研究，曾在《中国区域经济发展中的市场整合与工业集聚》（2006 年）和《在集聚中走向平衡——中国城乡与区域经济协调发展的实证研究》（2009 年）这两本书中对这一问题给予了一定程度的解答。

和回波效应的双重作用下，城市发展呈现出等级规律性，即增长极中心城市向外或周边扩散是通过不同等级城市体系进行的。

（四）赫希曼非均衡理论

美国发展经济学家赫希曼（A. Hirschman）在 1958 年发表的《经济发展战略》一书中强调应该充分利用稀有资源。他认为，发展如一个不均衡的链子，要促进发展首先应对具备优势的产业加以投资，进而通过发展较好的产业部门带动其他产业部分的发展，以更有效地解决资本不足的问题。

三、规模外部性理论

多年来，许多学者已经根据各自的研究论证了不同城市的规模外部性类型。各类型彼此联系，且趋于不同的地理参照范围。最早提出的规模外部性类型有两种：一种是由奥林（Ohlin）、胡佛（Hoover）和艾萨德（Isard）提出的，另一种是由马歇尔（Marshall）提出的。广为人知的是马歇尔外部性、雅各布斯外部性和复杂外部性。近年来，卡玛尼（Camagni）、卡佩罗（Capello）、伯格（Burger）和梅耶尔（Meijers）等提出了网络外部性。网络外部性理论更多的是反映邻近性在各城市 / 区域经济社会发展中发挥的作用。这为本书后续关于我国就业增长的集聚效应和城市群内部大中小城市网络化发展的研究提供了理论基础。

（一）集聚外部性理论

艾萨德修正了奥林和胡佛提出的规模外部性分类，并将其归纳为三类：大规模经济、本地化经济和城市化经济。但这三种分类均不在本书讨论的范围，本书关注的是企业边界外的经济活动外部性。艾萨德提出的分类并不互相排斥，所以，本地化经济可以看作是城市化经济的一部分。而且，这一现象的地理规模是模糊的，可以看作是点状集聚。虽然伯格（Burger）和麦卡恩（McCann）认为本地化经济与城市化经济相比更倾向于更小的地理规模，但艾萨德分类并没有证实本地化经济是基于地理属性分类的。例如，一个专业化的便利设施（如一个港口）的空间范围可能远远超过一个具体城市。在做实证分析时，单独为具体产业定义集聚外部性确实是有优势的。例如，麦卡恩（McCann）研究发现，与本地经济关联的本地集群大多产生于不足 50km 的小规模地区，不同产业间的集聚强度和集聚效应是大不相同的。

继奥林、胡佛和艾萨德之后的马歇尔外部性是通过劳动力市场蓄水池、中间投入共享和技术外溢来辨别集聚外部性的。虽然马歇尔外部性在专业行业中提及的这些外部性被认为是本地化经济的具体化，但对具体行业而言，仍没有约束马歇尔三个外部性的固有机制。在一个共享的、密集的劳动力市场，共享投入和信息溢出可能嵌入这一具体行业中，如基础设施。由于三种机制能较好地识别空间范围，马歇尔外部性被广泛应用于集聚外部性空间维度分析中。

学者们之后提出了多种典型类型。这里列出的是对集聚外部性和网络外部性之间关系的理论起着重要作用的一些类型。马歇尔外部性与雅各布斯外部性的争论在于外部性是否关注关联及不关联产业促进知识竞争力的问题。马歇尔外部性是一种具体化的本地化经济，是把知识和创新相关的外部性归属于内部产业动态变化的结果。相反，雅各布斯外部性认为，与知识和创新相关的外部性是不同产业之间互动的结果。此外，一些学者提出了其他的城市化外部性机制，称为复杂性外部性，主要是为其所在区域的企业减少不确定性。这些外部性类型的共同假设是大城市利用其知识或相关规模，通过市场和产业重新组合，再结合资产的可能性，以增加所在城市企业的收益。

（二）网络外部性理论

谈及“网络”一词，直观的感觉是点线的组合，是可以用图论工具进行直接和间接测度的数学集合。地理和区域科学对“网络”的关注可追溯至 20 世纪 60 年代，而这一概念的兴起则是在 20 世纪 90 年代，“城市网络”急速成为科学文献关注的热点，进而进入社会和自然科学学科，目前，许多对规模分析的延续由本地社会网络向跨国经济网络转变。识别“网络”和“网络分析”是不易的，因为大量不同的连锁反应在网络普及中起着重要的作用。例如，城市网络研究中信息和知识的关联性普遍但较为零散，如企业分支位置网络、电信密集化、航空和高铁网络的形成，造成非均衡的时空收敛，以及在不断增长的全球化和城市化经济中贸易和投资网络的空间范围分数。此外，学者们尝试去了解空间邻近性的关系。总之，这些进展可以融合为“城市网络”一词。

目前，“网络”一词普遍用于城市 / 区域研究。就外部性而言，经济外部性重点强调相互连接网络的成本和收益的效用。网络外部性则趋于关注实体和与其相连的网络溢出到其他实体的收益的程度。有学者提出了第一个网络外部性的构成：用户的效用即随着其他用户消费商品数量增加的商品消费。

卡玛尼（Camagni）和卡佩罗（Capello）曾提出相似的网络外部性的观点，以理解与内部城市互动关联的经济收益。他们强调收益增加是基于城市生产函数的水平，由于内部城市网络协同效应和互补效应的存在，城市间的这一连接减少了运输成本和时间。城市间各种各样不对称的产生是基于城市与其他城市连接的程度。这些不对称与基础设施相关，例如，当一个地区与基础设施网络相连时，成本降低，效用增加。然而，大量网络外部性的应用是伴随着知识不对称的。综观外部性，本地知识不对称引发了经济集聚理论的建立。与集聚外部性相类似，同样的问题是如何识别网络外部性机制。伯格（Burger）和梅耶尔（Meijers）对城市网络外部性机制进行了分析，发现城市网络外部性是企业和家庭从其区位集聚中得到的外部性经济，这一区位集聚很好地嵌入到了与其他集聚相关联的网络中。这一研究的关注是城市网络外部性的概念及其对城市绩效的影响，还应关注网络及其影响的多重性和异质性、集聚与网络之间的相互关系及其动态和区位属性。

四、新结构经济学理论

新结构经济学理论的提出者是北京大学国家发展研究院名誉院长、世界银行前首席经济学家林毅夫教授。新结构经济学的理论框架由三大基石组成：一是要素禀赋。在新古典理性选择的范式下，新结构经济学从禀赋结构出发，将最优产业结构内生化，考察经济增长过程中的各种结构变化。二是有效的市场。市场在新结构经济学中的作用是保证一个准确的价格机制，以实现最优的资源配置结构。三是有为的政府。政府在产业结构变迁中应做到因势利导，帮助企业克服外部性及协调问题。

（一）增长甄别与因势利导

新结构经济学推论认为，当代经济增长不仅是技术创新和产业升级的过程，也是基础设施网络和体制机制完善的过程。在不同时点，一地区的资源禀赋优势是该地区的要素相对丰富程度决定的要素相对价格和最优产业结构的结果。在低收入国家，其在劳动或资源密集型产业中占据的比较优势得益于其丰裕的劳动力或自然资源。一地区要想实现快速发展，就必须不断加快产业结构调整和升级。

（二）有效的市场、有为的政府与产业政策

新结构经济学理论强调，经济发展是一个产业、技术、基础设施和制度结构不断变迁的过程，在这个过程中，既要有有效的市场，也要有有为的政府。企业追求的是利润最大化，基于生产要素之间的相对价格选择进入哪种产业、采用何种技术。根据要素禀赋的比较优势选择产业和技术的前提是，价格体系能反映经济体要素的相对丰裕程度，因此，必须有充分竞争的市场。该市场各种要素的相对价格能够反映每一时点上一国的要素禀赋结构，也就是要有“有效的市场”。

五、理论性启示

（一）中心地理论观点对本书的启示

第一，中心地理论认为，城市间存在着不同的等级，每个城市根据其特

定的规模履行相应的功能。该理论对本书的启示：不同城市规模的城市等级不一，这主要受城市自身功能水平的高低的影响。这为本书第四章城市等级与城市就业增长率之间关系的研究提供了理论指导。

第二，中心地理论认为，每一个大中心地的产品生产或服务能力不仅和其自身等级有关，还受到次一级中心地的生产行为的影响。该理论对本书的启示：每个城市的集聚效应不仅受本地集聚效应的影响，还受邻近地区集聚效应的影响。本地效应和邻近效应共同决定了本地外部性规模。这为本书第六章我国就业集聚外部性的理论构建与实证检验的研究提供了研究方向。

第三，中心地理论认为，城市体系是由不同规模的城市所组成，这是由每一个城市等级体系中中心城市的规模、数量以及它们的市场区域决定的。该理论对本书的启示：城市群的发展，不仅要靠城市群内部大城市的带动和辐射，也要靠中小城市与大城市的协调和互动。这为本书第七章我国城市群等级规模结构优化的研究打下了坚实的理论基础。

（二）非均衡增长理论观点对本书的启示

第一，增长极理论首次明确指出，一个区域是由实力区域（高密度的制造业，较强的经济增长能力）和落后区域组成，这是第一个能够解决集聚布局现象的理论。该理论对本书的启示：增长极为更广泛的地区提供高级服务（如商业、基础设施和健康服务业、教育、娱乐和文化产业等），新企业为了得到这些服务选择在增长极附近地区布局。这为本书第四章等级提升、第五章产城融合和第六章集聚效应的研究提供了理论基础。

第二，核心—边缘理论指出，地理上的中心本身就能够促进地区的发展，进而带动外围地区的发展。该理论对本书的启示：信息、科技知识、零售市场的商品和生产要素市场等都是地方性市场增长的必要条件，外围地区则需要付出较高的运输成本和信息成本来促进地区发展。这为本书第六章规模外部性由本地效应和邻近效应共同构成的研究提供了思路。

第三，循环累积理论认为，强势区域通过高生产水平及随之而来的高劳动力需求来吸引劳动者流入。这是一个涉及更高技能人力资本的选择性迁移过程，它使弱势地区更优质的劳动力资源向富裕地区迁移，扩大其市场区域，激发新投资，吸引新资本，形成良性发展循环。该理论对本书的启示：就业增长不仅受到本地就业密度的影响，还受到邻近地区就业密度的影响，更受到地区高质化人力资本的影响。这为本书第六章的研究提供了研究方向。

（三）规模外部性理论观点对本书的启示

第一，规模外部性理论强调，马歇尔外部性是一种具体化的本地化经济，是把知识和创新相关的外部性归属于内部产业动态变化的结果。雅各布斯外部性认为，与知识和创新相关的外部性是不同产业之间互动的结果。该理论对本书的启示：一地区的集聚经济效应，不仅来自本地外部性规模效应，还来自人力资本溢出效应。这为本书第六章地区就业增长集聚效应的深入探讨提供了理论基础。

第二，规模外部性理论认为，当一个地区与基础设施网络相连时，其成本降低，效用增加。该理论对本书的启示：城市群大中小城市网络的构建，需交通先行，以交通基础设施网络构建为先导进而推进城市群的协调发展。这为本书第七章我国城市群内部中小城市与大城市协调发展和网络化建设提供了研究视角。

（四）新结构经济学理论对本书的启示

第一，新结构经济学理论强调，一地区的产业升级与地区的物质人力资本和要素禀赋结构密切相关。该理论对本书的启示：中国中小城市的发展一方面应充分利用资源禀赋，将突出特色和发挥优势相结合，建立起具有专业化功能的产业；另一方面要加快要素禀赋结构从资本和劳动力比例较低水平向较高水平提升，实现大城市和中小城市优势互补的功能差异定位、分工合作和要素流动，推进区域协同发展。这为本书第四章和第七章提供了理论基础。

第二，新结构经济学理论认为，政府要积极发挥地区发展所需的软件和硬件基础设施的领导作用，降低交易费用，以促进地区的产业结构升级和产业发展。该理论对本书的启示：城市服务和便利设施的提供是城市发展的关键因素，它决定了城市化发展阶段以及城市增长的地理边界。这为第七章城市群内部中小城市与大城市协调发展和网络化建设的研究提供了政府视角。

第二节　文献综述

基于中国知网、维普数据库、万方数据库、百度文库、Web of Science 数据和 ScienceDirect 数据库等对中小城市发展的研究现状进行检索。对“中小城市”（Small and Medium-sized Cities）、“高质量发展”（High-quality Development）、“动力机制”（Dynamic Mechanism）、“城镇化”（Urbanization）、“新型城镇化”（New-approach Urbanization）、“城市群”（Urban Agglomeration）、“城市功能”（Urban Functions）、“城市等级”（Urban Hierarchy）、“产城融合”（City-industry Integration）、“服务业集聚”（Service Industry）、“规模外部性”

（Scale Externality）、和“协调”（Coordination）等关键词进行了多项组合高级检索。以下对检索的相关文献进行梳理。

一、新型城镇化的相关研究综述

新型城镇化是我国特有的城市化进程，其顺利推进对我国经济社会的发展具有重要的促进作用。关于新型城镇化的相关研究，国内学者对其进行了大量的探讨和研究，并形成一些重要的研究成果，主要集中于五大方面：一是关于新型城镇化的内涵问题；二是关于新型城镇化的动力机制问题；三是关于新型城镇化的协调发展问题；四是关于新型城镇化的市场作用、政府行为和社会力量问题；五是关于区域层面上的新型城镇化问题。

（1）关于新型城镇化的内涵的相关研究。概述新型城镇化的基本概念和内涵，不同学者对其有不同的定义。在新型城镇化进程中，农民市民化和城镇化质量两大问题是新型城镇化的两大重点，其中，农民市民化是重中之重。通过高度关注农民市民化的问题，能有效解决城乡二元结构体制的问题，这是实现人本、市场、文明、绿色、特色、城乡统筹、集群和智慧城镇化等统一的重要途径。但也有学者认为，城镇化质量的提升是新型城镇化的根本所在。新型城镇化不仅包括民生性和可持续两大内涵，还包括质量性内涵，应从社会发展、环境建设、城镇化效率、城乡统筹和经济绩效五大方面，推进新型城镇化质量内涵界定。

（2）关于新型城镇化的动力机制的相关研究。杨发祥和茹婧（2014）提出，政府、市场和农民（社会）是新型城镇化的主要动力源。杨新华（2015）认为，新型城镇化的动力源于个体自组织与政府他组织的耦合。季小妹和武红智（2015）从研究视角、研究方法和研究意义等方面比较新型城镇化的动力机制研究与以往研究之间的差异，并提出应加强城镇化测度指标体系和方法的创新，细分不同类型动力对城镇化的作用机理，推进不同动力之间的相互影响，强化动力机制对城镇功能的提升。经济调控和政府引领是推进中小城市发展的外在动力。除了政府大力推进城市发展以外，市场因素、外部环境和基础条件也是促进城市发展的重要动力。

（3）关于新型城镇化的协调发展的相关研究。新型城镇化是引领新型工业化、信息化和农业现代化协调发展的重要载体，耿明斋（2012）针对“何谓引领”和“怎么引领”等问题进行了研究，并提出了相应的解释。在新型城镇化引领过程和协调发展过程中，必须解决好城乡统筹和城乡协调发展的问题，这不仅需要处理好新型城镇化与城乡一体化之间的关系，还需要加强新型城镇化和新型工业化的互动发展关系。对于新型城镇化协调发展问题的评价，不同的学者采用不同的方法和手段。有学者基于协同理论和耦合协调度模型对新型城镇化和农业现代化的协调发展进行评价，也有学者运用标准差修正 G1 组合赋权法对新型城镇化与人的全面发展之间的关联性和协调性展开评价。

（4）关于新型城镇化的市场作用、政府行为和社会力量的相关研究。地方政府行为在传统的城镇化发展中存在行为偏差，而在新型城镇化进程中，地方政府行为需要有新的定位、要求和可行路径。新型城镇化与传统城镇化相比较，更倾向于走以发展权为基础的城镇化道路。刘少华和夏悦瑶（2012）认为，要想迈向并实现现代化之路，就必须采用低碳的理念构建新型城镇化道路。地方政府需要对治理工具进行创新，而政府、市场与社会三者之间的关系是分析地方政府治理工具创新的角度之一。市场作用和社会力量在新型城镇化进程中的地位日益显现，高宏伟和王金桃（2018）认为不可忽视社会力量在城镇化发展中所起的作用。新型城镇化的发展问题需要政府、市场和社会的共同理性，将政府、市场和社会三者的力量结合起来，在合理边界基础上形成共同理性，推动新型城镇化健康发展。

（5）关于区域层面上的新型城镇化的相关研究。已有学者以四川省、河南省和江苏省等为研究对象或以中原经济区和辽宁老工业基地等为研究区域，对新型城镇化的背景、现状和问题进行了分析，并提出了加快新型城镇化发展的相关对策建议。张占仓（2010）对河南省新型城镇化的发展情况进行了分析。王发曾（2010）对中原经济区新型城镇化的发展情况进行了分析，提出通过打造特色、城乡统筹及一体化发展的样本推进新型城镇化的发展战略。宝胜和杨芳馨（2018）通过对辽宁老工业基地新型工业化与新型城镇化发展进程的分析以及相关问题的梳理和思考，结合辽宁经济社会的发展现状和未来的发展战略，针对辽宁老工业基地新型工业化和新型城镇化之间的相互促进和协同发展问题，提出了对策建议。

综上，这些关于新型城镇化的已有研究较好地为新型城镇化背景下中小城市发展问题的深入探讨奠定了基础，是本书重点关注的话题和问题。

二、中小城市发展的关键问题的相关研究综述

当前，国内外学者针对城市发展的关键问题进行了较多研究，形成了诸多科研与实践成果，其研究主要集中于以下四个方面：

（一）城市等级

城市等级是城市体系中的重要内容，是城市规划学和城市地理学持续关注的重要问题。目前，关于城市等级的研究主要集中于以下三大方面：一是关于城市等级划分标准的研究；二是关于城市功能专业化与城市等级的研究；三是

关于城市等级与地区差距的研究。

1. 关于城市等级划分标准的研究

国外关于城市等级划分标准的研究经历了从克里斯塔勒（Christaller）中心地等级到卡斯特（Castelles）“流空间”等级再到信息流网络等级的转变，这些转变都提及了地理、经济和社会等要素在实体城市等级划分中的作用。最早开始城市等级研究的学者是德国经济地理学家克里斯塔勒，他于 1939 年提出了中心地理论，明确了城市在地区中的中心性作用，并探讨了区域中城市等级的分布规律，提出了基于市场、交通和行政原则的中心地系统。之后，美国城市地理学家齐普夫（Zipf）于 1949 年基于人口规模构建了城市等级理论模型，他在《人类行为和费力最小的原则》一书中提出“第二大城市的人口规模为第一大城市的一半，依此类推”的观点。可见，城市等级与城市人口规模密切相关。随着网络中“流空间”理论的兴起，代表学者卡斯特在《网络社会的崛起》一书中重点强调了城市节点（主要是针对世界城市）在整体城市网络体系中的地位与价值。之后，国外学者探讨了交通流对城市等级的影响，等级划分标准包括航班客运量、航班货运量等。随着国际分工深化和全球产业转移，世界城市逐渐成为全球核心城市，城市等级的划分标准开始依据高端生产性服务业和制造业企业的数量，如跨国银行组织、高端生产性服务业企业等。随着信息技术的不断进步与影响，国外学者开始把信息引入到城市体系中来，丰富了城市体系的网络范式。此时的城市等级划分标准以信息生产能力和消费能力、城市拥有的网络宽带与网络数量、互联网域名及网络容量等指标为主。目前，已有研究从微观（企业）、中观（城市或地区）、宏观（国家）三个层面对信息因素在城市等级中发挥的作用进行了有益的探索，研究发现，信息因素对城市发展、城市体系构建和城市等级划分具有积极的影响。国内关于城市等级划分标准的研究多受到国外研究思路的影响，特别是齐普夫的做法，采用城市的常住人口数量对城市等级进行划分。根据我国的基本国情，我国常见的城市等级划分标准可归纳为如下三类：一是根据单一人口规模或 GDP 规模进行划分。李震和杨永春（2010）从 GDP 规模的角度对中国 1990 至 2006 年市辖区 GDP 排名前 200 的地级及以上城市的等级变化趋势及其影响因素进行了分析，研究发现，与发达国家的城市等级扁平化的特征相比，我国的城市等级具有逐年增强的趋势，且第三产业产值是增强我国城市等级的重要正向影响因素。二是采用综合指数进行划分。这一综合指数经常是与城市发展水平紧密相关的指标通过聚类分析方法得到。我国 2017 年对城市等级的划分主要是通过综合商业指数来进行的，这一综合商业指数是依据经济、文化教育、发展和工业等多个方面的综合值得出的。依据城市等级的划分标准，我国一线城市再添一城市，在原来的北上广深的基础上，增加天津这一城市，二线城市变成了 8 个。已有系列研究[①]将中小城市的等级划分从其综合实力、新型城镇化水平、发展潜力和创新创业水平等方面展开。中小城市发展质量等级的划分以基本公共服务、基础设施和资源环境为依据，研究发现，中小城市的总体城镇化指数与大城市和特大城市相比较低，但在基本公共服务、基础设施、空气质量和人均建设用地面积方面远优于大城市和特大城市。三是依据基础设施网络（如交通网络或信息网络）进行划分。钟业喜和陆玉麒（2011）基于铁路网络对中国城市等级与分布格局进行分析。汪明峰和宁越敏（2006）基于互联网基础设施对我国网络的地理格局和互联网城市等级展开研究。甄峰、王波和陈映雪（2012）根据新浪微博社会空间，分析了中国城市等级体系的特征。王波和甄峰（2016）采用百度指数中的地区分布模块，对地级及以上城市的网上用户经常搜索的前十个城市进行统计，在前十个城市中出现频次越高或者排名越靠前的城市，其互联网下的城市等级就越高。

2. 关于城市功能专业化与城市等级的研究

一般情况下，城市产业结构与城市功能是密切相关的，在满足城市对内需求的情况下，产业不断趋于均衡，城市功能趋于多样化；在满足城市对外需求的情况下，部分产业趋于集聚，城市功能趋于专业化。随着城镇化的快速推进，城市功能逐渐具有了专业化分工的特征，并逐渐成为推动产业发展的重要影响因素。专业化分工可分为产品分工和功能分工，当产品分工程度下降时，功能分工程度不断提高[②]。其中，产品分工可理解为传统分工，功能分工可理解为新型产业分工。可见，与传统分工的效应不同，新型产业分工的发展易于形成地区功能专业化。与此同时，不同地区的功能专业化水平呈现出不同的发展趋势，特别是都市群内部的地区，其功能专业化特征更为突出。关于地区功能专业化的表现，有的学者认为是现代服务业对城市功能提升的积极影响；也有学者认为是城市，特别是中高端城市呈现出对价值链高端功能具有强吸引力的特征，同时城市呈现出明显的专业化趋势；更有学者认为是企业功能区位选择的结果。Brunelle（2013）以加拿大为研究对象，研究得出交易成本的降低使城市功能专业化趋势明显。朱彦刚、贺灿飞和刘作丽（2010）对跨国公司的功能区位选择与城市功能专业化进行研究，研究结果表明，功能空间布局与城市

---

① 中国城市经济学会中小城市经济发展委员会和中小城市发展战略研究院长期致力于中国中小城市的研究，形成多项关于中国中小城市发展的研究报告，如历年的《中国中小城市科学发展指数研究》《中国中小城市新型城镇化质量评价指标体系研究》和《中国中小城市科学发展评价指标体系研究》等，这些报告具有较高的学术价值和现实指导意义。

② 张若雪（2009）运用南北贸易模型对长三角经济圈内部专业化分工进行了分析，发现长三角地区功能分工程度在不断提高，而产品分工程度则在不断下降。

等级密切相关，对城市体系的空间结构有影响，同时还发现，相同功能之间以及研发与生产等不同功能之间都具有聚类现象，这种聚类现象促进了城市功能专业化的形成和城市区域的产生。另外，也有学者开展了关于产业专业化/多样化与职能专业化对城市等级影响的研究，Ning、Wang 和 Li（2016）认为专业化的产业结构有助于吸收城市内部 FDI 知识溢出，能促进其向周边城市扩散；多样化的产业结构为本地创新提供了有活力的环境。苏红键和赵坚（2011）分析了我国职能专业化和产业专业化的特征，并考察了两者对城市经济的作用，发现我国职能专业化和产业专业化水平均偏低，但均呈现出上升的态势。魏玮、周晓博和牛林祥（2015）从经济稳定和经济增长两个方面分析了城市产业结构和职能特征的作用，发现产业结构多样化对经济增长的影响受城市职能专业化的调节作用的制约。生产性服务业集聚模式应结合其高端服务要素禀赋情况做出判断，生产性服务业专业化集聚应围绕重点功能需求和城市等级提升。

3. 关于城市等级与地区差距的研究

受技术、经济和生活质量的刺激，家庭会迁移到能够提供更大净效用的地区，而由此产生的人口流动推动了等级城市体系的发展。同时，大城市集聚了大量的生产性服务业企业和从业人员，生产性服务业的外部需求能够体现出一个城市的等级体系，服务辐射范围越广，其等级体系通常也会越高。Partridge 等（2009）关于美国人口流动模式的研究结果证实了上述观点，发现大城市更加靠近 25 公里以内的地区，中等城市人口数量在 25 万到 150 万，还发现，农村地区和小城市中心与大城市联系紧密，具有显著的互动关系。陆铭和向宽虎（2012）通过研究区域性的大城市对不同产业的影响，发现城市对第三产业劳动生产率的影响明显大于第二产业，服务业向大城市周边集聚对其自身发展非常重要。崔大树和杨永亮（2015）认为城市规模等级越大，越能提供生产性服务业发展所必需的人力资本、通信及基础设施等，城市的规模等级对城市生产性服务业发展有显著的促进作用，并以长三角城市群为例进一步证实了这一论点。王波和甄峰（2016）通过对 286 个地级及以上城市的网络用户搜索关注的前十个城市进行分析，发现，互联网下城市的网络被搜索关注程度差距明显，存在等级差异；互联网下的城市等级体系的空间布局呈现出空间集聚特征及区域板块差异；经济和地理因素影响着网络用户在互联网上对城市的搜索关注程度，网络用户倾向于搜索关注经济发展水平更高的城市与地理空间距离更近的城市。钟韵和黄民勃（2013）对不同城市等级的服务业的增长速度、内部结构及其对地区经济增长的作用进行实证，研究结果表明，城市等级差异会导致这三方面存在显著差异，还得出在不同城市等级下，劳动力和资本要素是影响服务业发展的重要因素。钟韵和邹云龙（2016）首先将城市等级最高的特大型城市单独分出来，研究经济转型对特大型城市与非特大型城市生产性服务业影响的差异；然后将特大型城市和大型城市划为一类（称为大型以上城市），研究经济转型对大型以上城市与中小型城市生产性服务业影响的差异，研究发现，由于国内不同等级城市的市场化水平存在差异，高等级城市的市场化程度相对较高，因此，市场化只对高等级城市生产性服务业体现出积极的推进作用。通过对美国 1958 年至 1977 年商务服务业空间分布结构的变化进行研究，发现，商业服务业具有从大城市向中小城市“下移”的趋势，虽然中心地区的商业服务业集聚程度高于非中心地区，但非中心地区的增长速度较中心地区的增长速度更快，这表明在条件允许的情况下，中小城市生产性服务业的发展将更加迅速。

上述诸多国内外学者都认为人口规模并非是衡量城市等级的唯一标准，完善城市功能将是我国现阶段新型城镇化发展优先考虑的提质方式。

（二）产城融合

产城融合是新型城镇化背景下城市发展的主导思路，有助于促进城市和产业的共同发展。目前，关于产城融合的研究大致集中于如下两大方面：一是关于服务业与城市功能的研究，二是关于产城融合内在机理及其对城市经济效率作用机理的研究。

1. 关于服务业与城市功能的研究

城镇化的产生与产业发展密不可分[①]。纵观全球城市史，英国是城镇化开始最早、发展水平最高的国家，可以说是城镇化的先驱。14 世纪、15 世纪的圈地运动，农民和土地分离，引致农户分化，进而导致农民被迫涌入城市，城镇化趋势初步显现，到第一次工业革命前，城镇化率已经达到 25%，可以说英国的城镇化是在内部拉力作用下形成的。18 世纪初，英国执行农业税政策，农业税大增导致农民向城市转移，可以说英国的城镇化是在外部推力作用下形成的。1851 年，英国成为第一个实现城市化的国家，城镇化率首次超过 50%，到 1931 年已经实现高度城镇化，城镇化率达到 80.4%[②]。城镇化有利于提高人口集聚能力，能够推动要素有机流动和资源合理配置，促进知识溢出和创新，为工业化提供坚实的服务平台，促进工业发展[③]。回顾中华人民共和国成立以来农村社会的变迁以及改革开放后乡镇企业的快速发展，虽然我国的城镇化是与

① 很多相关学者的研究观点认为，城镇化与工业化是紧密相关的，工业革命促进的工业化进程，其实就是城市化进程。

② 任泽平. 英美城镇化经验与中国城镇化趋势［R］. 上海：方正证券研究所，2016.

③ 李丹、陈锦富和苗华楠在 2004 年合著的《基于新型城镇化的小城镇“产城融合”实施路径探讨——以富池镇总体规划为例》一文中提出，重新审视产业和城市之间的关系对人口、经济、资源环境相协调的新型城镇化的重要性。城镇化和工业化的协调发展，不仅有利于促进生产要素自由流动，优化资源配置，还有助于打破城市空间条块分割的局面，促进城市各种功能相互契合，有助于均衡城乡利益，推动城镇化高质量发展。

西方工业化截然不同的农村工业化，但城镇化与工业化进程是关联的。从现实来看，城市化与第一产业负向关联，与第二和第三产业正向关联。换句话说，产业革命推动生产集中，人口从农村向城市制造产业集聚，推进了城市化；当生产进一步集聚，城市化继续加快，进而带动第三产业的快速发展。城市在发展初期，工业化是城镇化的动力来源，到中后期则主要靠第三产业的发展和新兴产业的创新来带动城镇化的发展。已有研究表明，当城镇化进入后期阶段，第一产业已经对城市化无推进作用，第二产业和第三产业对城市化的推动作用更明显，且第三产业发展是城市化发展的后续动力。随着城镇化水平的提高和质量的提升，人口、产业和公共服务资源配置更加优化，服务业发展空间得以迅速打开。到城市化发展的中后期，服务业已经成为城镇化的重要拉动力，其作用越来越凸显[①②]。可见，城镇化与服务业的发展密切相关，服务业是最大的就业容纳器。

对服务业与城市功能的相关研究表明，服务业是城市功能的重要供给载体。一方面，服务业的发展改变了城市的功能定位与规模等级。国内外学者对服务业的影响区域和城市发展的作用展开了大量研究，研究发现，服务业不仅推动了城市经济的发展，还积极改变了城市的服务功能定位。这意味着，服务业高端化促进了城市服务功能高端化。这主要是因为以生产性服务业为基础的科学研究、计算机服务、金融和信息传输等行业的快速发展，加快了产业结构的转型升级，促进了城市空间结构演变的优化，继而带动了城市经济功能的提升。换句话说，生产性服务业对经济功能的巨大提升作用主要体现在其产业关联能力、产品输出能力和空间集聚等方面。同时，快速发展服务业，不仅成为城市化的重要动力，还成为大城市形成与发展的重要之路。这主要是因为服务业集聚水平的不断提升和服务业空间联系的不断加强，加速促进了地区间人口、资本和信息等要素的快速流通，推动了地区城镇化的快速发展。另外，加快推动生产性服务业的集聚与发展，不仅有助于提升中心城市的发展水平，还有助于提升中心城市等级和增强空间溢出效应，进而有效地推动全国范围内的经济发展。另一方面，服务业提升了城市功能。当生产性服务业满足外部需求时，其有利于提升国际贸易份额，继而提升城市外向功能。当生产性服务业满足内部需求时，其有利于提升城市自身的服务水平和对周边地区的辐射功能。

① 一般国际典型的城市化在发展早期，工业是城市化的主要动力；而发展到一定阶段之后，服务业会取代工业成为主要动力。在中国未来的城市化进程中，服务业特别是金融业、IT 行业和新型商业等将成为城市聚集点，引导城市的空间发展方向。

② 在城镇化进程中，人口大量集中、生活方式发生改变和生活水平得到提高，生活性服务需求得以不断扩大；要素配置优化，社会分工细化，生产性服务需求得以不断扩大；要素不断集聚，知识不断溢出，城市创新活力增强，产业不断升级，第三产业得以快速发展。

在服务业综合发展水平较高的城市，其服务经济和服务业主导特征凸显，服务业集聚功能特色也更加明显。换句话说，城市的服务业综合发展水平应与城市的功能定位具有一致性。有学者明确指出，我国城镇化的模式应该向以提高城市服务就业密度为主的城市功能转型。这表明，服务业作为城市功能的重要供给载体得到了进一步的认同。

2. 关于产城融合内在机理及其对经济效率作用机理的研究

首先，根据产城融合的相关综述，城镇化应该与产业发展相契合，产城融合应坚持“人本导向”。对于大多数发展中国家而言，城镇化不仅仅是速度的问题，更是质量提升的问题。产城融合[①]是城镇化提质的重要体现，也是高质培育中小城市的重要途径。一方面，城镇化应与产业发展相契合。只有在城市区合理配置产业功能，在产业区科学配置城市功能，才能真正推进产城融合。产城融合应是产业（工业）、人（劳动力）和城市功能（服务业）三者的融合，产城高效互动和融合应以“人”为连接点，城市通过提高“人”的效用水平来吸引高质量的劳动力，继而推动城市产业发展水平；产业通过加快“人”的集聚，继而促进城市的繁荣发展。以人为本和功能融合构成了产城融合的基本要求。与不同城镇化阶段相对应的不同产业的发展策略、生产组织和产业结构成为产城互相促进的实现机制。在新型城镇化建设过程中，中小城市发展更要实现产业发展和城镇建设相融合，切实推进“人”的城镇化。以“人”的城镇化为核心，实现资源自由流动和公共服务均等的目标。同时，加快调整经济和产业结构，提升配套服务水平，提升城镇化质量，重视内涵式城市发展，特别要注重强化产业支撑，通过产业特色推进产城融合和产城联动。因此，只有把产业、人和城市的发展关联起来思考，才能真正突破产城融合发展的难题，找到产城融合发展的正确路径。另一方面，功能提升、区位作用、产业结构、技术创新和政府政策对产城融合具有重要影响。产城融合不仅要求城市功能配套和合理布局，还需要产业和城市区位的互促发展。换句话说，产业发展是产城融合的物质基础，城市区位是产城融合的显著标尺。产城融合不仅要考虑产业发展与城市功能完善的同步，还要考虑区位产业的选择与城市的发展定位相一致。随着城镇化的发展，制度已不再是城镇化的关键影响因素，与经济收入相关联的产业结构成为城镇化路径选择的关键。如果城镇化的推进与经济发展、产业结构不匹配，那么，就可能导致城镇化质量低下或过度城市化。在新型城镇化进程中，产城融合是地区人口、产业与城市空间协调发展的集中体现，不

① 与杨立勋和姜增明的观点一致，产城融合是针对我国高速城镇化进程中出现的城市功能与产业功能相分离的现象提出的，其含义是城市发展应以产业为主导，产业发展要以城市为载体，两者应该具有对应的匹配度。

可避免地会受到政府在人口、产业或城市发展等方面的相关政策的影响。

其次，关于产城融合与城市经济效率的综述表明，产城融合对城市经济效率提升具有积极作用。产城融合发展有利于各生产要素的有机流动，促进资源的合理配置，推动城镇化的高质量发展。城市通过提高人的效用水平来推动地区产业繁荣，产业繁荣创造就业机会，进而推动城市功能升级。产城融合是在一定区域范围内城市和产业互促发展的结果，两者的良性互动和协调共进助推了产业的创新和升级，带动了城市功能的提升，进而推动了城市生产力的发展。产城融合发展促使城镇将各种生产要素集聚起来，构建复杂的网络，形成高效的劳动力市场、便利的交通和高效畅通的物流信息，以节约成本、吸引投资、促进地区经济增长。我国产城融合的实证研究表明，我国现阶段的产城融合发展在不同的区域呈现出不均衡的状态，具有显著的空间分异特征。东部地区中小城市的融合度较高，但达到有效融合的城市极少。未达到有效融合的原因是城镇化建设、人口集聚等相关要素仍处于低度协调的颉颃发展阶段。丛海彬、邹德玲和刘程军（2017）发现中国现阶段不同区域产域融合发展并不均衡，存在显著的空间差异。蓝庆新和陈超凡（2013）研究发现，新型城镇化对产业发展层次和产业结构升级具有重要影响，同时，市场化程度、金融支撑力度和科技发展水平对地区产业结构升级具有显著的正向影响。未来，新型城镇化的发展将会从数量提升转变为效率至上、从城镇发展转变为协调发展、从产城割裂走向产城融合，换言之，加强城镇功能建设和产业升级，促成两者融合发展，才能真正降低产城割裂运行模式对城市发展效率的负面阻碍作用，才能有效解决我国城镇化进程中土地利用效率不高、方式不合理的问题，发挥城镇化的规模经济效应、服务辐射效应以及创新溢出效应，推动产城融合，以促进我国经济的可持续发展。因此，实现经济转型，构建新型发展路径，必须走产城融合的城镇化道路。

综上，国内外学者对产城融合的认识更多地集中于新型城镇化进程中城市建设与产业融合的方面，这些研究突出了城市功能在城市经济和区域经济发展中起到的重要作用。另外，已有研究发现，产城融合对促进要素流动、加强资源整合和提升城镇化质量的作用日益显现。

（三）集聚经济

集聚经济是新型城镇化集约发展的重要体现，有助于驱动城市发展，加快城市转型，提升城市 / 区域空间经济绩效。目前，关于城市集聚经济的研究大致集中于如下三大方面：一是关于集聚经济及其表现类型的相关研究，二是关于集聚经济、城市规模与城市效率的相关研究，三是关于集聚外部性与就业增长的相关研究。

1. 关于集聚经济及其表现类型的相关研究

集聚经济及其表现类型的相关研究表明，本地化和城市化是集聚经济的两种不同形式，共享、匹配和学习是本地化 / 城市化框架范围内出现的集聚动力或机制。集聚有时会被认为是城市的规模和密度，有时也会被认为是企业集群（如 CBD 或专门的产业集群）的规模和密度。企业有时会与其产业相同的其他企业在空间上集聚，有时也会与不同产业或供应关系的其他企业在空间上集聚。家庭定居于集群企业附近，零售商则靠近消费者集群。由于生产的规模报酬递增，企业或工人在集聚时更具生产力。这是众所周知的集聚经济，即每一企业聚集于一个地区与其他企业共享收益。集聚经济在城市空间结构、城市发展、产业生产率和地区竞争力中起着重要作用。

集聚经济的两种不同形式是众所周知的。马歇尔或本地化经济是用来解释集聚地区的生产率的，是企业的外部经济，也是一个具体产业的内部经济。马歇尔发现，同一产业内的生产者倾向于靠近彼此是为了共享专业化的本地投入品供应商，从高技能劳动力池中获取收益，并从其他公司创造的专业信息中获取机会。马歇尔外部性来源于劳动力市场蓄水池、投入品共享和知识溢出的观点，已经在国内外研究中得到了广泛证实。雅各布斯或城市化经济是企业或产业的外部经济，也是城市或区域经济的内部经济。这些经济是由本地公共品的存在、市场（如多劳动力市场）的规模经济和产业间互动增加的一种或多种产业的生产率形成的。多样化的城市提供了更多的供应商和知识，促进了新企业的建立，使公司在多元化的大城市中更具生产力。企业和供应商间、企业和工人间的匹配机制在大且多样化的城市中更加容易形成。事实上，多元化城市的价格要高得多，城市化经济的规模可能很大。雅各布斯外部性也在国内外研究中得到了广泛证实。

在本地化 / 城市化框架范围内出现的集聚动力或机制，可分为三种类型：共享、匹配和学习，即产业内关系、产业间关系及零售商和家庭消费者之间的关系。其中，共享机制包括高固定成本不可分割设施和大规模经济（如港口、航空、道路网络和铁路交通网络）的共享。当规模经济累计到一定程度时，道路、铁路和公共交通工具会出现拥堵。劳动分工有助于降低协作成本，集聚则促使协作以减少协商成本。匹配机制帮助购买者和销售者更容易找寻彼此。大的就业劳动力池和大的提供工作者的企业池，通过减少大量技能和任务的匹配时间、企业填补空缺或新职位的时间及找寻工作者的通行时间和搜寻时间，以降低生产成本。这样，企业和工作者会受到能够提供更多工作地和工作选择的集聚的吸引。学习机制包括知识的形成、扩散和累积。学习是一个社会活动，城市在便利方面有优势，能让更多的学者和有知识的人集聚起来。企业通过观测其他企业的决策来做出对自身更好的决策。企业可以根据已有的其他企业的第一手经验进行风险投资。新企业需要花费时间去发现投入和最优化生产过程的高效结合。网络和其他社会中介的互动要求面对面交流。

2. 关于集聚经济、城市规模与城市效率的相关研究

在文献中，集聚经济的定义为与城市规模相关的生产率优势，可重点突出三个方面：不可分割性、协同性和地理接近性。其中，不可分割性在经济活动中通过促进集成城市效率来增加生产率，转变企业的生产或成本曲线，或允许城市采用更先进的基础设施系统（如地下交通和航空等）。不可分割性是基于产业关联的视角。许多文献测度了混合产业和单个产业产生集聚优势的程度。协同效应与社会和文化维度相关，如信任、归属感、文化和宗教认同等，能够促进本地的联系强度，通过降低生产交易成本和创新提升过程，形成规模递增。接近性与地理维度密切相关，如果信息和交通成本为零，规模经济不存在，就没有活动集中的理由。在这种情形下，集聚经济即接近性经济。以上是集聚经济的三种不同来源。不可分割性是基于微观产业的视角，地理接近性是基于地理领域的视角，协同性则是基于宏观区域视角。下面一一进行综述。

首先，早期关于集聚经济理论和实证检验的研究关注的是集聚经济活动的规模与生产率。标准的方法是基于生产函数框架，如一般模型：$Y_{it}=A_{it}G(S_{it})F(X_{it})$。其中，$Y$ 是地区 i 在时间 t 内的产出，与技术函数 $F(x)$ 相关，是城市混合投入要素和资本的函数；A 表示技术进步率；G 表示城市规模效率。在给定资本/劳动力比例的情况下，集聚经济可以实现高的劳动生产率。大量实证研究表明，集聚经济是促进生产率提高的重要因素。Alonso（1971）的研究表明，美国平均劳动生产率高的城市具有 500 万以上的人口。Segal（1976）以 58 个美国城市为样本，运用柯布—道格拉斯生产函数进行计算，发现都市区超过 300 万常住人口的城市生产率高于其他城市的生产率。Marelli（1981）运用 230 个美国城市的横截面数据分析得出了相似的结果：当达到某种程度时，大城市比小城市拥有更好的生产率；当超过这一程度时，生产率开始呈现递减趋势。Capello 对意大利 58 个城市进行分析得出，当超过一定范围时，总平均效益呈现倒“U”型曲线（1998）。Ahrend 等（2015）证实了城市生产率随着城市规模的增长而增长的观点，但也发现，各自为政的治理结构趋于降低生产率水平，都市治理主体的存在减缓了这一效应。虽然规模与生产率之间的静态关系得到了全面接受，但并不足以为规模与增长之间的必要性和机制关系的研究提供支撑，因为依旧存在一个未决的关于一些大城市的临界规模可能存在聚集不经济的实证问题。大城市的高生产率不能解释动态情境下的吸引力，理应

将区位成本考虑到模型中去。此外，小城市可能利用其他属性和空间优势来扩大它们的区位优势。集聚效应主要体现在区位选择、城市化发展和区域经济发展方面。上述研究忽略了城市区位这一因素。城市区位优势来源于多个方面，如便利设施、生活质量、城市生产环境的定性特征和社会进步的城市特征等。

其次，如果城市规模以效率为特征，那么，高效率理应自动导致高经济增长。与大城市相比，目前一些中小城市的快速发展是不可理解的。解决这一理论和实际之间显著矛盾的方法是一些学者提出的集聚理论，Meijers（2015）、Berger 和 Hoogerbrugge（2016）构建和丰富了阿隆索提出的“borrowed size（借来规模）”，即一个小城市或一个大都市如果接近其他人口集中的地方则会呈现出一些大城市的某些特征。这句话表明，一些小城市为避免集聚成本，可以从其邻近地区“借来”某些集聚收益。这一方法强调了城市集聚经济效应并不局限于城市的实际边界，它可以向其周边地区溢出。实际距离是这一方法的重要元素，在这一实际距离内集聚经济可以产生集聚效应，这就解释了为什么小城市有时需要通过其周边城市来获得增长。这一方法还解释了为什么小城市比大城市更有效率，同时还解释了为什么本地效率多存在于中心城市结构，此时的集聚经济来自于整个城市系统。“外部性范围”或“区域外部性”概念的提出，强调了超越城市边界的城市优势的空间范围。这意味着规模和接近性通过产生技术外部性以促使小城市生产率达到大城市生产率的水平。这一方法间接解释了城市增长。小城市可能与大城市一样高效，以此来吸引更多的人口和经济活动。小城市增长可通过引入作为其外部性来源的地理空间（地理接近性）和其间接的自身增长来解释。

传统的“借来规模”混淆了人口和功能的概念，从理论和实证的观点看，非常有必要和意义去很好地区分人口和功能。从理论视角来看，虽然人口潜力确定了整个区域的城市体系，“借来规模”可能指的是优势来自于自由和多样化的劳动力供给、大市场的最终产品及大城市的人口溢出。一方面，“借来功能”可能指的是优势来自于更广泛的劳动力市场、更大的服务可达性和大城市功能的实际空间溢出。从实证视角来看，两种关键集聚效应可分离，为了塑造出现在真实世界中不同类别的情境。“借来规模”与“借来功能”之间的区别似乎是非常有意思的。不同的城市规模可能有不同的密度和迹象。“借来功能”效应期望小城市产出更多优势，虽然它们较少被赋予高等级功能，但可以从其他相同区域的强大城市的可达性获得。因此，它们的人口超出其预期人口（例如郊区或通勤城镇）。另一方面，“借来规模”期望大城市获取优势，以为服务企业能够很好地运用其区域城市体系中的垄断市场。集聚规模效应可能还包括由 NEG 引入的另一个概念——“集聚影子”，用以解释大城市高级功能（以牺牲小城市为代价）存在的回流效应。当大城市在为其寻求更广阔的空间和更便宜的土地时，功能的直接溢出效应超过其城市边界，这一效应会被部分或完全超过。

最后，更需要考虑的是“城市网络理论”，这一理论认为功能的借来，多亏了接近其他城市的地理优势，也多亏了类似规模城市间的主要水平线和非外围属性的关系和流动，即使城市间的距离较远。虽然官方逻辑潜在认为克里斯塔勒中心地模型是区域逻辑，强调支配 / 控制市场区域的市场重力模型出现于网络模型，但与长距离竞争和不考虑距离障碍的合作相关逻辑不同。虽然在传统的克里斯塔勒中心地模型中，交通成本和规模经济是塑造功能和城市空间组织的基本力，在城市网络逻辑中其他种类的经济成为核心：垂直一体化经济和劳动分工（互补性网络）以及类似于俱乐部产品的网络外部性（协同性网络）。这两种城市的优势可定义为“城市网络外部性”，它们已经在近期的许多文献中得以证实。这一方法迅速地克服了地理方法的局限 / 不足，但仅考虑了“借来规模”和“借来功能”对小城市效率的促进作用，并且认为规模并不是唯一的要素生产率和集聚经济的决定因素。将长距离合作集成于整个城市网络，融合高级城市功能，即使是有限的城市规模，其城市效率水平也是可以提升的。现有观点帮助解释了为什么快速增长的中等规模城市被认为是近年来能较好地主导城市增长的地区：有限的城市规模，事实上促进了环境均衡，提升了系统效率，可以让居民识别更高的经济效率到底是通过与周边城市可达与互动实现的，还是通过与虽然距离不同但很好衔接的城市的网络合作实现的。当企业集聚经济效应显著时，地理集中似乎减少了大部分企业的成本，这都得益于集聚带来的显著的规模经济以及一些来自于不同企业之间互补性关系的范围经济。可见，在与区位相近的地方定位会带来积极的集聚外部性，考虑不同企业区位的集聚效应，其存在的概率取决于地理邻近性。邻近距离对于城市消费便利设施和生产溢出解释城市等级体系中不同工资和住房差异具有相对重要性。由此，城市经济增长取决于邻近城市中心，即大城市集聚的地区比没有集聚的地区更加快速，且大城市集聚与经济增长一直呈正相关关系。

3. 关于集聚外部性与就业增长的相关研究

集聚外部性与就业增长关系的相关研究表明，集聚外部性对就业增长具有影响。自新经济地理理论提出以来，集聚经济的存在被认为是“很好的规模报酬递增的普遍影响”，用于提示我们企业和家庭有不可避免的空间集中的趋势和“区域多样化的累积过程”的结果。目前，集聚经济一直被认为是特大城市和巨型城市增长背后的驱动力，如世界经济中大多数成功的区域。已有研究表明，集聚经济通过大城市和巨型城市的绩效直接推动城市增长，这与新经济地理理论模型的预测结果是一致的。这一直观逻辑认为显著的生产率依赖于发达和发展中国家以牺牲中小规模城市为代价推进大城市发展的行为。也有研究发现，生产水平的倒“U”型曲线证实了城市超越一定规模后会导致集聚不经济的观点。毫无疑问的是，目前的研究多关注大城市的高生产率，但近年来并没有表明大城市生产率增长更优的直接证据。更广泛城市背景下的城市效率，尤其是小城市效率也已经得到了研究。就集聚经济效应与就业增长的关系，国内外学者展开了相关研究，更多地考虑了集聚经济的规模效应、密度效应和结构效应。Rosenthal 和 Strange（2005）运用 2000 年普查区数据估计了集聚和邻近的人力资本对劳动生产率的影响。集聚和生产率分别采用工作地的同心圆和工资加以测度。在集聚变量和工资—集聚关系的内生性问题中，将地理特征包括山崩灾害、地震灾害、地质和地表水等作为工具变量来解释测量误差。研究得出以下主要结论：第一，就业的空间集中提升了生产率。第二，空间集中的收益受到人力资本溢出（如邻近大学教育工作者）的影响。第三，最重要的研究发现，以上效应是随着距离而递减的。开始时递减是快速的，如果劳动力在 5~25 英里远发生变化，那么效应减少 2.5~3 倍。然而，在较长距离内，效应衰减不是特别快，在一些模型中超过 50 英里[①]。陈良文和杨开忠（2007）研究发现，我国已有的关于地区经济差异的研究多忽略了地区间要素流动和集聚经济效应对其的影响，进而构建了一个要素流动和集聚经济效应的综合分析框架来考察我国地区经济差异的变化情况。研究发现，在要素流动情况下，当本地效应和外部性规模效应达到一定程度时，经济活动集聚呈现出均衡状态；在集聚经济效应情况下，地区间的要素流动未能抑制地区差异的拉大。Matlaba 等（2012）运用集聚外部性分析了巴西 26 个州的制造业就业增长情况。研究发现，横截面模型证实了波特和雅各布斯竞争外部性对增长的积极影响，而动态面板模型和时间固定效应模型预测了马歇尔、阿罗、罗默和波特关于制造业专业化的作用，这一结果为巴西 1981 年以来的发展，尤其是其北部和中西部制造业就业增长提供了新的解释。

综上，国内外学者多数从集聚经济的角度研究城市发展的本质，并用其阐释和检验集聚经济活动的规模与生产率，形成了丰富的研究成果。近年来，关于从“本地规模”和“借来规模”的角度分析集聚外部性形成的研究，较好地阐释了规模报酬递增的普遍影响，如对本地就业增长的积极影响。这为本书后续的研究提供了研究方向。

---

① 1 英里 =1609 米。

（四）协调发展

协调发展问题[①]是城市群大中小城市网络化建设和城市群等级规模结构优化的最大难题，解决好这一难题有助于城市间相互合理分工和发挥各自优势，提升城市群整体效率，推进城市群 / 区域协调发展。目前，关于城市群内部大中小城市协同发展的研究有两大方面：一是关于城市群内部城市地位与战略布局的相关研究，二是关于城市群内部中小城市与大城市协调发展的相关研究。

1. 关于城市群内部城市地位与战略布局的相关研究

在政府 / 政策方面，能够影响特定产业要素的政策对区域经济活动具有重要作用。通过制定相关的区域协同发展政策，可以有效减少企业和部分交通成本。旨在强调城市（群）集聚和外溢的福利后果的政策或者调解它们的影响以提升区域竞争力的政策，应重视知识和技术外部性的重要性，否则这样的政策将无用武之地。国家政策促进了要素向城市流动和在城市间流动，为依靠市场力量来决定劳动力和资本的空间分布提供了有力的支撑。

在市场方面，依托于早期的行政等级结构，城市群空间等级分明，但随着经济发展、人口增长和土地的发展，市场逐渐成为城市群的重要推动力，城市之间的发展更多地开始依托市场来相互联系，如长三角城市群。城镇化应走发挥市场力量和改善民生质量的新型城市化建设道路。

在产业方面，生产性服务业多样化发展适用于超大城市、特大城市和大城市工业效率的提升，生产性服务业专业化发展适用于中小城市的特色发展。鉴于对城市区域[②]中的中小城市发展路径的观察，其区域发展路径应充分依托和融入所在城市区域，以自身的专业化发展、特色化发展为主线，谋求在全球或全国城市协作网络中的能级跃升。

在交通方面，交通作为区域联系纽带的作用日益显现。区域交通网络的构建，改变了现代城镇之间的时空距离。随着交通网线的快速扩展，交通方式及网络格局的改变催生了大量的区域性城市群，交通一体化成为区域城镇发展特别是城市群形成的重要因子。打造城市群内部的交通基础设施网络，引导人口和产业向交通轴线集聚，有助于紧密、功能多样的区域网络的形成。

在生态方面，西方城市化理论不仅经历了从重视区域发展向重视城乡协调

---

① 本书所指的协同发展问题并非是指若干城市群之间的协调发展问题，而是指某一个城市群其内部协调的发展问题。

② 城市区域是全球化背景下区域竞合的主体。对于城市区域中的中小城市而言，其区域发展路径选择受两方面因素的影响：其一是城市区域发展的阶段，随着城市区域的发育（初期、中期和成熟期），中小城市经历了由被吸引至接受辐射，再至特色中心的发展路径；其二是中小城市的各自特色和专业化职能，通过专业化职能的放大和跃升，使中小城市快速融合，并依托所在的城市区域，参与全球合作，大幅度提升自我能级。

发展的转变，还经历了从重视经济产业向重视生态人文宜居环境的转变。城市群发展轨迹表明，运用生态文明理念构建新型城镇化道路是我国未来城镇化的主要发展思路。从生态生产力发展的角度定义新型城镇化、城镇与农村的协调发展和互相促进的城镇化，是基于现实发展的考量，也为中小城市的发展提供一定的客观依据。

2. 关于城市群内部中小城市与大城市协调发展的相关研究

首先，关于城市群内部中小城市与大城市协调发展的研究发现，积极发展中小城市、提升城市群支撑功能势在必行。城市群城镇等级体系的优化是区域协同发展的重要基础。全球化促进产业分工、要素流动和交通系统的演进，不同系统的同等级中心地之间以及不同等级中心地之间的联系不断加强，城市群呈现出由集中等级化向网络扁平化发展的趋势。黄金川和陈守强（2015）从开放程度、发育程度、产业结构、分散程度和资环效应五个方面为切入点，构建了多维定量划分城市群等级的基本框架。苗洪亮和周慧（2017）揭示了长三角城市群、珠三角城市群和京津冀城市群内部大中小城市的等级结构，发现，各城市群内部的等级结构均存在不同程度的断层，次级城市发展不足的情况。目前，与上海毗邻的三级城市南通、绍兴、舟山等相继通过各种内外部的交通设施、行政区划、国家政策等动力机制，努力实现自身城市功能的转型升级，未来也均有可能跨越至二级城市的行列。通过政策优惠、完善基础设施和加强软环境建设力度等方式积极发展中小城市，提升城市群支撑功能，提升城市产业承接能力和辐射能力，实现区域各级城镇的协调发展。

其次，城市群内部中小城市与大城市协调发展的研究方法的综述发现，分形计算模型是一种能较好地阐释城市群内部中小城市与大城市协调程度的分析方法。对分析城市群等级规模结构的研究方法而言，一般采用引力模型，也有学者采用改进的引力模型，如对传统引力模型中城市质量以及城市之间距离的测算进行适当的修正。也有学者运用主成分和聚类分析的方法、社会网络分析方法。目前，分形模型及方法的采用较为广泛，这有助于对城市群的等级规模结构和空间结构进行实证研究。

上述关于城市群内部城市地位与战略布局的文献多为理论研究，且从市场导向和政府/政策导向两个方面展开；少量关于城市群内部城市地位与战略布局的实证研究，则主要从产业、交通和生态三个角度展开。因此，从市场和政府相结合的角度出发，引导城市体系理性发展和结构优化，成为城市群内部城市协同发展中需要面临的重要任务。从产业、交通和生态三个视角切入，具化生产力发展和阶段性转变与城市群战略布局的发展逻辑，更加明确城市群建设的功能和路径在方向上的导向性，有助于解决为什么推进新型城镇化以及怎样推进新型城镇化的问题。针对目前城市群发展的新局面，如何正确认识中小城市在城市群中发挥的主要作用及如何促进其与城市群内部大城市的协同发展将成为未来的研究热点。

三、文献总结

综上所述，国内外学者在城市发展领域开展了大量的研究工作，也取得了诸多理论与实践研究成果。高就业增长、高经济效率和高协同分工的城市经济已经成为新型城镇化背景下中小城市推进大中小城市和小城镇协调发展格局的重要保障。因此，如何推进新型城镇化背景下小城市的发展成为学者们关注的热点问题。

通过对国内外研究现状进行总结回顾，发现国内外学者就城市发展中的关键问题提出了研究思路、框架及量化的分析方法。虽然大量学者从不同学科背景针对中小城市发展问题展开了研究，但研究视点较为单一，且多停留在思辨层面，各自的研究拘泥于单一学科背景，缺少多维视点和跨学科的综合研究。特别是在新型城镇化背景下，中小城市发展的科学内涵与作用路径还没有学者进行深入的研究，处于空白状况。同时，虽然已形成了大量的关于城市等级、产城融合、集聚经济和协调发展等城市发展的关键问题的研究成果，但如何从系统的角度探究它们对中小城市发展的重要影响，没有学者做出明确的探讨，这为本书的研究提供了新的研究动力和契机。因此，本书以新型城镇化为背景，界定了中小城市发展的科学内涵，从系统和多维视角切入，对现有中小城市发展过程中面临的关键问题进行了深入的理论分析和实证研究，提出了中小城市推进新型城镇化的作用路径，旨在实现促进我国中小城市自身的可持续发展及其与大城市协调发展的重要目标。

第三节　本章小结

在理论基础部分，本章分别介绍了中心地理论、非均衡增长理论、规模外部性理论和新结构经济学理论，这些理论为新型城镇化背景下中小城市发展的分析框架的构建和后续实证研究提供了理论支撑。其中，中心地理论为城市等级影响中小城市发展的研究提供了方向，非均衡增长理论和规模外部性理论分别为产城融合和就业集聚对中小城市发展的影响的研究提供了理论基础，新结构经济学理论为中小城市自身的可持续发展及其与大城市协同发展的研究指明了路径。本章在文献综述部分，全面、系统地分析了新型城镇化以及中小城市发展的关键问题的研究现状，并提出了本书需进一步探讨和发展的研究空间。

第三章　中小城市发展的现状、趋势与关键问题分析

本章首先分析了中小城市发展的现状，其次明晰了中小城市发展的趋势，再次结合中小城市发展的理论渊源和认识误区，识别了中小城市在发展过程中亟待解决的关键问题，最后分析和构建了中小城市在发展过程中亟待解决的关键问题的相互关联与分析框架。

第一节　中小城市发展的现状

在目前新型城镇化背景下，中小城市的发展主要存在四大方面的现状 / 困境：是中小城市集聚功能有待增强，二是中小城市产业发展水平有待提升，三是中小城市就业吸纳能力有待加强，四是中小城市公共服务水平有待提高。这是研究新型城镇化背景下中小城市发展的关键问题的现实基础。

依据《中国城市统计年鉴（2005—2017 年）》，对我国 2004~2016 年中小城市的发展现状进行分析。考虑到数据的可获得性和全面性，采用地级及以上城市的数据进行整理和计算，2004~2016 年，我国建成区常住人口在 500 万以上的大城市由 5 个增加到 9 个，介于 100 万人到 500 万人的大城市由 100 个增加到 142 个，在 100 万人以下的中小城市由 175 个减少到 128 个，如表 3–1 所示。

表 3-1　2004~2016 年我国不同人口规模的城市数量

单位：个

年份	巨大城市 >1000 万人	特大城市 500 万 ~1000 万人	大城市 100 万 ~500 万人	中小城市 <100 万人
2004	3	5	100	175
2005	3	6	104	170
2006	3	5	109	166
2007	3	7	108	165
2008	3	7	112	161
2009	3	8	113	159
2010	3	8	116	156
2011	3	9	114	157
2012	3	9	119	152
2013	3	9	120	151
2014	3	10	127	143
2015	4	9	133	137
2016	4	9	142	128

资料来源：根据相关年份《中国城市统计年鉴》数据整理计算得到。

一、中小城市的人口集聚功能有待增强

2004~2016 年，我国中小城市常住人口占全部城市常住人口的比重由 30% 下降到 17%，下降了 13%，而同期常住人口超过 1000 万以上的巨大城市、介于 500 万 ~1000 万的特大城市以及在 100 万 ~500 万的大城市的常住人口所占比重分别上升了 4%、3% 和 6%，如表 3–2 所示。虽然中小城市的平均常住人口由 59.78 万上升到 62.69 万，但仅上升了约 4.9%，远低于巨大城市约 40% 的增长率，如表 3–3 所示。

表 3–2　2004~2016 年我国不同规模城市建成区的人口总量及比重

年份	巨大城市 >1000 万人		特大城市 500 万 ~1000 万人		大城市 100 万 ~500 万人		中小城市 <100 万人	
	数量（万人）	比重（%）	数量（万人）	比重（%）	数量（万人）	比重（%）	数量（万人）	比重（%）
2004	3399.55	10	3167.71	9	17876.36	51	10461.66	30
2005	3430.51	9	3890.91	11	18621.25	51	10641.63	29
2006	3935.99	11	2970.07	8	19635.62	54	9935.36	27

续表

年份	巨大城市 >1000 万人		特大城市 500 万 ~1000 万人		大城市 100 万 ~500 万人		中小城市 <100 万人	
	数量（万人）	比重（%）	数量（万人）	比重（%）	数量（万人）	比重（%）	数量（万人）	比重（%）
2007	3977.65	11	4024.60	11	18997.74	51	9978.12	27
2008	4014.95	11	4067.24	11	19636.94	53	9634.41	26
2009	4049.08	11	4616.62	12	19658.24	52	9620.66	25
2010	4188.69	11	3662.86	12	20424.84	53	9456.52	24
2011	4328.30	11	5238.90	13	20297.40	51	9556.60	24
2012	4363.30	11	5311.30	13	21192.15	53	9429.45	23
2013	4396.30	11	5383.70	13	21872.90	53	9416.30	23
2014	4576.70	11	5896.00	14	23104.00	54	8936.70	21
2015	5876.93	13	5497.26	12	24361.77	55	8544.20	19
2016	6306.00	14	5688.00	12	26552.00	57	8025.00	17

资料来源：根据相关年份《中国城市统计年鉴》数据整理计算得到。

表 3-3 2004~2016 年我国不同规模城市的平均常住人口数量

单位：万人

年份	巨大城市 >1000 万人	特大城市 500 万 ~1000 万人	大城市 100 万 ~500 万人	中小城市 <100 万人
2004	1133.18	633.54	178.76	59.78
2005	1143.50	648.49	179.34	62.60
2006	1312.00	594.01	180.14	59.85
2007	1325.88	574.94	175.91	60.47
2008	1338.32	581.03	175.33	59.84
2009	1349.69	577.08	173.97	60.51
2010	1396.23	582.86	176.08	60.62
2011	1442.77	582.10	178.05	61.51
2012	1454.10	590.14	178.09	62.04
2013	1465.43	589.19	182.27	62.36
2014	1525.57	598.60	181.92	62.49
2015	1469.23	610.81	183.17	62.37
2016	1576.30	632.00	186.99	62.69
2016/2004（%）	139.10	99.76	104.60	104.87

资料来源：根据相关年份《中国城市统计年鉴》数据整理计算得到。

二、中小城市的产业发展水平有待提升

2004~2016 年，我国中小城市非农产业增加值占全部城市非农产业增加值的比重由 20% 下降到 7%，见表 3–4。中小城市 2004~2016 年的平均非农产业增加值的增长率为 121.90%，低于其他规模城市 249.36%、432.14% 和 134.30% 的增长率（见表 3–5）。

表 3–4 2004~2016 年我国不同规模城市的非农产业增加值及比重

年份	巨大城市 >1000 万人		特大城市 500 万 ~1000 万人		大城市 100 万 ~500 万人		中小城市 <100 万人	
	增加值（亿元）	比重（%）	增加值（亿元）	比重（%）	增加值（亿元）	比重（%）	增加值（亿元）	比重（%）
2004	1975.00	13	1745.85	12	8250.86	55	14945.93	20
2005	4682.38	22	3246.15	15	9782.00	46	3538.21	17
2006	2818.29	15	2037.76	11	10124.05	54	3713.29	20
2007	–4967.78	–21	–0.7637.83	–32	–5240.68	–22	41676.22	175
2008	9616.20	34	13014.92	46	13886.32	49	–0.8040.72	–28
2009	10318.93	95	13753.56	27	23635.83	18	–36890.63	–341
2010	6479.97	14	4341.09	10	9389.64	21	25446.37	56
2011	10809.37	13	14567.77	18	43518.85	52	14024.88	17
2012	3524.98	3	–8502.64	–7	–9722.96	–8	135032.87	112
2013	3813.99	–7	22737.94	–43	46567.70	–89	–125529.58	240
2014	5516.05	17	8273.18	26	15289.10	48	2709.21	9
2015	7311.94	24	6369.22	21	15691.73	51	1260.06	4
2016	9204.48	22	13580.15	33	15735.66	38	2650.68	7

资料来源：根据相关年份《中国城市统计年鉴》数据整理计算得到。

表 3–5 2004~2016 年我国不同规模城市的平均非农产业增加值

单位：亿元

年份	巨大城市 >1000 万人	特大城市 500 万 ~1000 万人	大城市 100 万 ~500 万人	中小城市 <100 万人
2004	658.67	349.17	82.51	16.99
2005	1560.79	619.43	90.29	20.81
2006	939.43	407.55	96.52	19.98
2007	–1655.93	–1091.12	–48.52	252.58

续表

年份	巨大城市 >1000 万人	特大城市 500 万 ~1000 万人	大城市 100 万 ~500 万人	中小城市 <100 万人
2008	3205.40	1859.27	123.98	-49.94
2009	3439.64	1719.19	209.17	-232.02
2010	2159.99	542.64	80.95	163.12
2011	3603.12	1618.64	381.74	89.33
2012	1174.99	-944.74	-81.71	888.39
2013	1271.33	2526.44	388.06	-831.32
2014	1838.69	827.32	120.32	18.95
2015	1827.98	707.69	117.98	9.20
2016	2301.12	1508.91	110.81	20.71
2016/2004（%）	249.36	432.14	134.30	121.90

资料来源：根据相关年份《中国城市统计年鉴》数据整理计算得到。

三、中小城市的就业吸纳能力有待加强

2004~2016 年，我国中小城市非农产业从业人员占全部城市非农产业从业人员的比重由 27% 下降到 14%，如表 3-6 所示。中小城市 2004~2016 年的非农产业从业人员的增长率为 136.00%，高于特大城市 125.35% 的增长率，但远远低于巨大规模城市和大规模城市 186.32% 和 143.17% 的增长率，如表 3-7 所示。

表 3-6 2004~2016 年我国不同规模城市的非农产业从业人员数量及比重

年份	巨大城市 >1000 万人		特大城市 500 万 ~1000 万人		大城市 100 万 ~500 万人		中小城市 <100 万人	
	非农产业从业人员（万人）	比重（%）	非农产业从业人员（万人）	比重（%）	非农产业从业人员（万人）	比重（%）	非农产业从业人员（万人）	比重（%）
2004	948.93	15	690.19	11	2955.71	47	1687.05	27
2005	990.79	15	706.72	10	3447.59	51	1617.05	24
2006	1055.37	16	732.98	11	3220.14	48	1735.90	26
2007	1065.54	15	933.36	13	3551.43	48	1644.18	24
2008	1110.45	16	958.11	13	3453.48	49	1580.71	22
2009	1171.38	16	1031.00	14	3650.45	49	1624.82	22

续表

年份	巨大城市 >1000 万人		特大城市 500 万 ~1000 万人		大城市 100 万 ~500 万人		中小城市 <100 万人	
	非农产业从业人员（万人）	比重（%）	非农产业从业人员（万人）	比重（%）	非农产业从业人员（万人）	比重（%）	非农产业从业人员（万人）	比重（%）
2010	1278.58	16	1143.05	14	3965.13	49	1634.90	21
2011	1385.77	16	1352.47	16	4133.35	48	1694.07	20
2012	1305.04	14	1583.00	17	4947.22	52	1749.94	18
2013	1472.76	14	1813.52	17	5679.07	52	1887.82	17
2014	1707.56	15	1969.20	17	5901.13	52	1786.16	16
2015	2041.49	19	1446.03	13	5873.94	53	1667.18	15
2016	2357.45	20	1557.36	13	6010.34	53	1678.98	14

资料来源：根据相关年份《中国城市统计年鉴》数据整理计算得到。

表 3-7 2004~2016 年我国不同规模城市的平均非农产业从业人员数量

单位：万人

年份	巨大城市 >1000 万人	特大城市 500 万 ~1000 万人	大城市 100 万 ~500 万人	中小城市 <100 万人
2004	316.31	138.04	29.56	9.64
2005	330.26	141.34	31.63	9.74
2006	351.79	122.16	30.96	10.21
2007	355.18	133.34	31.03	9.96
2008	370.15	136.87	30.83	9.82
2009	390.46	128.88	32.30	10.22
2010	429.19	142.88	34.18	10.48
2011	461.92	150.27	36.26	10.79
2012	435.01	175.89	41.57	11.51
2013	490.92	201.50	47.33	12.50
2014	569.19	196.92	46.47	12.36
2015	510.37	160.67	44.16	12.17
2016	589.36	173.04	42.32	13.11
2016/2004（%）	186.32	125.35	143.17	136.00

资料来源：根据相关年份《中国城市统计年鉴》数据整理计算得到。

四、中小城市的公共服务水平有待提高

（一）人均地方财政一般预算内收入增长有待加快

由表 3–8 可知，我国不同规模城市的平均地方财政一般预算内收入都呈现出不断上升的趋势。与其他规模城市相比，2004~2016 年，虽然中小城市的地方财政一般预算内收入增长率最高，但从每一年的数据来看，收入总量依然偏低。

表 3–8　2004~2016 年我国不同规模城市的平均地方财政一般预算内收入

单位：亿元

年份	巨大城市 >1000 万人	特大城市 500 万 ~1000 万人	大城市 100 万 ~500 万人	中小城市 <100 万人
2004	666.48	172.79	32.12	6.14
2005	835.99	198.12	39.13	8.21
2006	979.70	236.95	47.49	9.35
2007	1240.33	194.93	56.56	10.30
2008	1473.76	349.39	67.69	15.09
2009	1599.37	358.54	77.70	16.11
2010	1967.45	489.82	99.00	20.94
2011	2335.54	594.83	119.41	26.52
2012	2582.16	686.83	136.09	31.15
2013	2828.78	778.83	154.45	35.16
2014	3167.06	682.90	160.65	36.76
2015	3501.32	753.39	178.39	37.14
2016	3789.78	795.54	187.45	38.78
2016/2004（%）	568.63	460.41	583.59	631.60

资料来源：根据相关年份《中国城市统计年鉴》数据整理计算得到。

（二）学校数量和教师数量有待增加

随着城镇化的不断推进和经济水平的不断提升，我国各级城市依据各地实际的人口变化趋势，不断调整和完善普通中学和小学的数量、规模和布局。自 2004 年以来，中小城市每万人拥有的普通中学和小学的数量呈现出不断下降的趋势，如表 3–9 所示。与特大城市和大城市相比，中小城市的普通中学的教师数量较多，但小学教师依旧偏少，如表 3–10 所示。

表 3-9 2004~2016 年我国不同规模城市每万人拥有学校的情况

单位：所 / 万人

年份	巨大城市 >1000 万人		特大城市 500 万 ~1000 万人		大城市 100 万 ~500 万人		中小城市 <100 万人	
	普通中学	小学	普通中学	小学	普通中学	小学	普通中学	小学
2004	0.20	0.41	0.19	0.44	1.03	3.03	0.69	2.52
2005	0.19	0.38	0.18	0.41	1.05	3.00	0.70	2.35
2006	0.21	0.46	0.15	0.29	1.08	2.96	0.64	2.05
2007	0.23	0.54	0.14	0.29	1.30	3.44	1.19	1.70
2008	0.20	0.42	0.20	0.37	1.04	2.81	0.56	1.66
2009	0.19	0.40	0.23	0.44	1.01	2.61	0.55	1.56
2010	0.19	0.36	0.22	0.42	1.02	2.59	0.52	1.40
2011	0.19	0.33	0.23	0.43	1.00	2.44	0.52	1.33
2012	0.20	0.34	0.23	0.43	1.01	2.33	0.51	1.27
2013	0.20	0.34	0.24	0.43	1.06	2.31	0.50	1.19
2014	0.20	0.34	0.27	0.46	1.08	2.27	0.48	1.08
2015	0.26	0.44	0.25	0.41	1.16	2.51	0.46	1.06
2016	0.27	0.45	0.26	0.42	1.12	2.65	0.45	1.05

资料来源：根据相关年份《中国城市统计年鉴》数据整理计算得到。

表 3-10 2004~2016 年我国不同规模城市的普通中学和小学的师生比

单位：%

年份	巨大城市 >1000 万人		特大城市 500 万 ~1000 万人		大城市 100 万 ~500 万人		中小城市 <100 万人	
	普通中学	小学	普通中学	小学	普通中学	小学	普通中学	小学
2004	14.99	14.87	16.04	17.79	17.53	20.00	17.40	18.95
2005	14.33	14.68	16.22	18.95	16.83	19.65	17.33	18.88
2006	13.81	14.60	15.02	17.25	16.78	19.61	16.22	18.40
2007	13.63	15.41	15.66	19.14	16.26	19.28	16.07	18.37
2008	13.30	15.27	14.24	17.40	15.85	18.67	15.46	18.80
2009	12.91	15.12	14.55	18.35	15.40	18.28	14.73	17.43
2010	12.41	15.47	14.13	17.83	14.93	18.62	14.54	18.40

续表

年份	巨大城市 >1000 万人		特大城市 500 万 ~1000 万人		大城市 100 万 ~500 万人		中小城市 <100 万人	
	普通中学	小学	普通中学	小学	普通中学	小学	普通中学	小学
2011	11.91	15.81	13.57	17.75	14.51	18.93	14.34	19.37
2012	12.07	16.08	13.59	17.92	14.56	18.68	13.45	17.82
2013	11.20	16.54	12.98	18.51	13.40	18.36	13.10	17.62
2014	10.74	16.74	12.18	18.97	13.10	18.47	12.94	17.04
2015	10.17	16.30	10.15	18.49	12.76	18.75	12.84	17.22
2016	10.02	16.23	10.01	18.65	11.87	18.94	12.45	17.46

资料来源：根据相关年份《中国城市统计年鉴》数据整理计算得到。

（三）医疗卫生服务水平亟待提升

自 2004 年以来，中小城市每万人拥有的床位数和医生数呈现出不断上升的趋势，高于巨大城市和特大城市每万人拥有的床位数和医生数，但远远低于大城市每万人拥有的床位数和医生数，如表 3-11 所示。同时，由表 3-11 可知，中小城市每万人拥有的医院数显示出不断下降的趋势，而其他规模城市则保持稳定增长（如大城市）和持续增长（巨大城市和特大城市）。

表 3-11　2004~2016 年我国不同规模城市每万人拥有的医院数、床位数和医生数

单位：所 / 万人、个 / 万人、名 / 万人

年份	巨大城市 >1000 万人			特大城市 500 万 ~1000 万人			大城市 100 万 ~500 万人			中小城市 <100 万人		
	医院数	床位数	医生数	医院数	床位数	医生数	医院数	床位数	医生数	医院数	床位数	医生数
2004	0.16	18.69	8.92	0.14	15.16	9.23	1.00	80.08	44.24	0.80	50.62	25.02
2005	0.16	19.61	11.03	0.15	16.85	9.35	1.17	85.36	46.81	0.81	53.07	25.49
2006	0.17	19.69	10.45	0.12	15.57	9.04	1.04	92.73	51.14	0.75	50.79	24.63
2007	0.17	21.30	11.34	0.16	16.08	9.62	1.00	96.10	52.71	0.71	51.94	26.44
2008	0.16	21.95	12.23	0.17	23.22	13.68	0.96	99.47	54.28	0.67	53.09	28.24
2009	0.21	23.29	12.57	0.16	25.65	14.58	0.97	111.08	59.21	0.79	56.05	29.20
2010	0.19	24.43	13.44	0.16	27.90	15.59	0.98	120.08	63.12	0.76	57.78	29.40
2011	0.18	25.57	14.31	0.17	33.82	17.77	0.93	122.25	64.54	0.77	62.66	30.91

续表

年份	巨大城市 >1000 万人			特大城市 500 万 ~1000 万人			大城市 100 万 ~500 万人			中小城市 <100 万人		
	医院数	床位数	医生数	医院数	床位数	医生数	医院数	床位数	医生数	医院数	床位数	医生数
2012	0.19	27.43	16.16	0.17	39.94	18.29	1.02	142.22	71.39	0.75	68.45	31.99
2013	0.20	31.43	16.66	0.21	41.22	20.73	1.04	151.00	76.27	0.74	70.39	32.21
2014	0.21	31.65	17.75	0.25	44.11	22.13	1.13	161.93	80.44	0.65	70.03	31.86
2015	0.29	40.47	22.89	0.22	47.27	23.40	1.20	176.89	87.07	0.58	72.89	30.64
2016	0.30	42.45	24.78	0.23	49.56	24.45	1.25	183.56	89.65	0.54	76.34	30.11

资料来源：根据相关年份《中国城市统计年鉴》数据整理计算得到。

第二节　中小城市发展的趋势

长期以来，学术界对中小城市发展研究的关注相对较少，多关注于中国城市化进程中不同规模等级体系的两端：大城市和小城镇。大城市不仅规模大，而且数量少，对其展开的研究多是针对大城市自身发展的问题，其问题具有特殊性，属于个别研究，不具有普适性。小城镇虽然数量多，但是规模小，对其展开的研究多是针对具有代表性的案例，其分析具有普适性。小城镇数量较多，对其归类并进行案例分析实属不易，而且小城镇几乎没有能够用以分析的数据，这也是大多数文献停留在宏观研究层面的原因。而中小城市则正好处于两者之间，可汲取两者的优势，并克服两者的不足，因此，关于中小城市的研究值得关注。中小城市的发展相较于大城市与小城镇具有独特的优势，其在新型城镇化建设中的地位和作用日益凸显，既具有时代必要性①，也具有现实可

① 早在 2013 年，中国城市和小城镇改革发展中心理事长李铁就提出要重视发展中小城市，中小城市在新型城镇化过程中需要对自身的政策做出改革和调整，以实现绿色低碳的可持续发展。他多年来致力于中小城市发展的研究，提出多个论断，支持中小城市改革与创新发展；于 2017 年 3 月提出激活中小城市发展，加快城镇化战略重点转移；于 2017 年 11 月提出要站在区域发展战略上认识城市的发展，制定城镇化发展的新格局，重视城市群内各类城市的发展，而不是仅仅关注于中心城市，要支持中小城市和小城镇的发展，鼓励中小城市和小城镇在促进经济发展特别是实体经济发展方面发挥积极的作用。

行性[①]。

发展中小城市反映了时代的要求，更是基于问题导向的现实倒逼。第一，"大城市病"日益突出，人口急剧增长带来的交通拥堵、资源紧缺、环境污染等问题，促使人们不得不转变新型城镇化的战略重点；第二，面对经济新常态，经济下行、资源环境硬约束、内需供给不足等背景，发展中小城市成为带动投资和消费需求、推进城镇体系协调发展的有效途径。

发挥中小城市在新型城镇化战略中的重要作用，是基于创新导向的有利选择。第一，中小城市是推动国民经济发展的重要力量。截至2016年底，中小城市及其影响和辐射的区域的经济总量达到41.48万亿元，占全国55.74%；地方一般公共预算收入达到3.31万亿元，占全国20.74%。第二，中小城市是吸纳人口和产业转移的重要载体。审视中小城市的资源禀赋条件、比较竞争优势以及空间规模潜力，可以说，中小城市是人口和产业双转移的主战场，既能解决人口过度聚集引致的"大城市病"，又能解决农业人口的就业问题。第三，中小城市是城市体系优化的关键环节。加快中小城市发展，有助于解决中小城市发展缓慢、竞争力弱的问题，也有助于解决大城市过度集中和小城镇质量偏低的问题，这是重构城市等级体系和优化城市空间战略布局的重要抓手。第四，中小城市是城市创新发展的重要平台。基于"创新、协调、绿色、开放、共享"的新发展理念，中小城市所具有的现实基础条件为践行集约、智能、绿色和低碳的城镇化道路提供了重要平台。由此可见，中小城市在城市和区域经济中的地位和作用日益凸显，这促使中小城市的发展有了新的趋势。

随着新型城镇化的推进，城市发展已由数量速度型向质量效益型转变，由单维度传统发展向多层次创新发展转变，这势必要求中小城市在发展过程中坚持以人为本，实现中小城市高质、高效、包容和可持续发展的特有目标。城市发展具有一定的阶段性，在不同阶段，其内涵不断变化，其演进特征也在不断变化。我国中小城市发展在经历了明显的外延型、滞后型和单一型后，开始向内涵型、同步型和多元型过渡，具有专业化、协调化和网络化的显著特征。

一、专业化发展

中小城市的专业化发展主要表现为由外延型向内涵型转变，由产业专业化向职能专业化转变。

① 第十三届中国中小城市科学发展指数研究成果表明，中小城市经济总量达63.08万亿元，占全国经济总量的84.78%，是推动国民经济发展的重要力量；中小城市科学发展指数为70.1，社会民生、政府效率指标抢眼，生态指标持续向好；中小城市投资潜力指数达到82.1，特色小镇建设助力中小城市快速发展；中小城市总体城镇化质量指数为45.1，基础设施的提升最为明显。

（1）从外延型向内涵型转变。《国家新型城镇化规划（2014—2020 年）》指出，把加快发展中小城市作为优化城镇规模结构的主攻方向，完善功能配套，增强集聚要素的吸引力。由于城市功能定位不同，功能完善的内涵也就不同。因此，新型城镇化可以分为三个阶段，分别是农村城镇化阶段、城镇城市化阶段和城市现代化阶段。第一阶段已经基本完成，第二阶段和第三阶段可同步，第二阶段注重完善城市功能与构建产业体系，第三阶段则更加注重生产与服务功能的升级。后两个阶段也是当前新型城镇化工作的重点，它与产业结构升级一起，构成了新型城镇化内涵转变的重要内容。新型城镇化坚持以人为本，突出强调市民化和公共服务均等化，以实现我国城镇化的健康、稳定、可持续发展（姚士谋、王肖惠和陈振光，2015）。因此，在中小城市发展过程中，应实施内涵型的开放模式，逐步使我国城镇化踏上以质量效益型为主的健康城镇化可持续发展之路。

（2）由产业专业化向城市职能国际化与专业化转变。中小城市发展应正确认识自身在区域经济发展中的地位和作用，积极融入到区域经济一体化与世界经济一体化网络中去，而城市职能国际化与专业化则成为中小城市主动纳入区域经济一体化和世界经济一体化的前提。虽然大城市（如上海、北京、广州等）走向国际化的步伐日益加快，但中小城市理应发掘自身的资源禀赋优势和比较优势，找准自身的城市功能定位，积极参与区域分工与世界城市分工，真正做到专业分工更加细致、专门化程度更高和比较优势更加凸显。今后，我国新型城镇化的主流方向是向专门化、专业化和国际化方向发展。

二、协调化发展

中小城市协调化发展主要表现为由滞后低效型向同步高效型转变，由产城割裂向产城融合转变。

（1）从滞后低效型向城镇化与工业化、信息化和农业现代化相结合的同步高效型转变。过去，人口、产业、金钱、土地和房地产等要素是推进城镇化的关键要素，但在城镇化进程中，这些要素的使用效率却非常低下。过去城镇化的快速发展和辉煌成就主要得益于土地和廉价的劳动力，但这种将土地和廉价劳动力作为城镇化要素驱动的发展模式难以为继。随着土地和人口方面的红利逐渐消失，城镇化要素的组合、互动与利用也需要转向更为高效的目标，同时，要加快发展智慧城市，加快推动城镇化与工业化、信息化和农业现代化的高度融合。

（2）由产城割裂向产城融合转变。传统的城镇化模式持续了产城割裂的运行模式，呈现出城市发展效率不断低下的趋势。随着城市经济结构的转型，产业结构不断优化的内涵式城市发展的新趋势日益明显，改变了以往片面强调城镇向外不断扩展的做法，突出和完善了城市现代化功能，特别是服务功能。产业的发展不能远离城镇的发展，两者应该是相互依存的。但是，目前的产业发展多未考虑城镇的空间结构和布局，造成了产业遍地开花的现象；而城镇的发展多以转移农业人口为主，忽视了产业发展的重要性。这种产城割裂的城镇化抑制着中小城市的发展。因此，为适应新常态，提升新型城镇化质量和效率势在必行，应加快促进产业升级和城镇功能建设的融合发展，推进产城融合的城镇化。

三、网络化发展

中小城市网络化发展主要表现为由单一型向多元型转变，由核心城市向城市区域转变。

（1）由单一型向多元型转变。目前，我国城市体系存在的明显问题就是中小城市的数量太少，特别是小城市，以致于“大城市病”尤为突出。理想的城市分布应该是金字塔形的，而我国的城市却不是这样分布的，主要原因是自1997 年我国“停止审批县改市”政策出台以来，小城市的数量逐渐下降。根据相关数据，2000 至 2010 年，我国小城市从 350 个减少到 250 个[①]，小城市不仅没有得到较好的发展，而且还在减少。因此，促进城市发展，一方面要加快发展城市群，另一方面也要加快推进城市群内部中小城市的快速发展。随着城市区域发展逐渐步入网络时代，成本低、品质好和环境好的中小城市形成了一批具有特色或专业职能的区域特色城市或地区，充分发挥资源禀赋和比较优势，促进城镇特色发展。

（2）由核心城市向城市区域转变。随着全球化和区域一体化的快速发展，网络化和多中心化成为城市与区域发展的一大新趋势，城市形态由点轴转向网络，都市群和城市群成为城镇化建设的主体形态，城市内部的集聚形态也从单中心向多中心转变。在区域和全球的合作与竞争中，单个核心城市逐渐向城市区域转变，形成了以经济联系为基础、梯度有序、功能互补和各具特色的大中小城市联合互动的城市密集地区，其中，核心城市构建区域多中心体系，而中小城市主要承载多中心的专业职能，以推进城市区域内大中小城市的协调发展。

总之，从系统的角度看，中小城市发展是一个集点、线与面为一体的集合体，不仅要考虑自身的产业结构升级和等级提升，充分利用其专业化、特色和

---

① 根据《中国城市统计年鉴（2016）》，截至 2015 年底，我国 20 万人口以下的城市只有 2 个，20 万到 50 万人口的城市只有 44 个。

比较优势，发挥其能级效应；还要考虑其城镇建设与人和产业发展的融合互动，发挥其集聚效应和协调效应；更要考虑其在城市群网络中与大城市的协调发展，发挥其节点效应和网络效应。

第三节　中小城市发展过程中亟待解决的关键问题分析

广义的发展是基于社会和经济总体所说的发展，着眼于人类社会各方面的变化。狭义的发展即经济发展，着眼于物质生产方面的问题，如产出、就业、产业结构等。本书关于中小城市发展的研究仅关注中小城市在经济层面的发展。本书在考虑新型城镇化的基本特征和中小城市发展的科学内涵的基础上，综合了中小城市发展的现状和趋势，从理论渊源与认识误区两方面识别了中小城市等级提升、产城融合、集聚能力和协同能力等中小城市发展过程中亟待解决的关键问题。如图 3-1 所示。

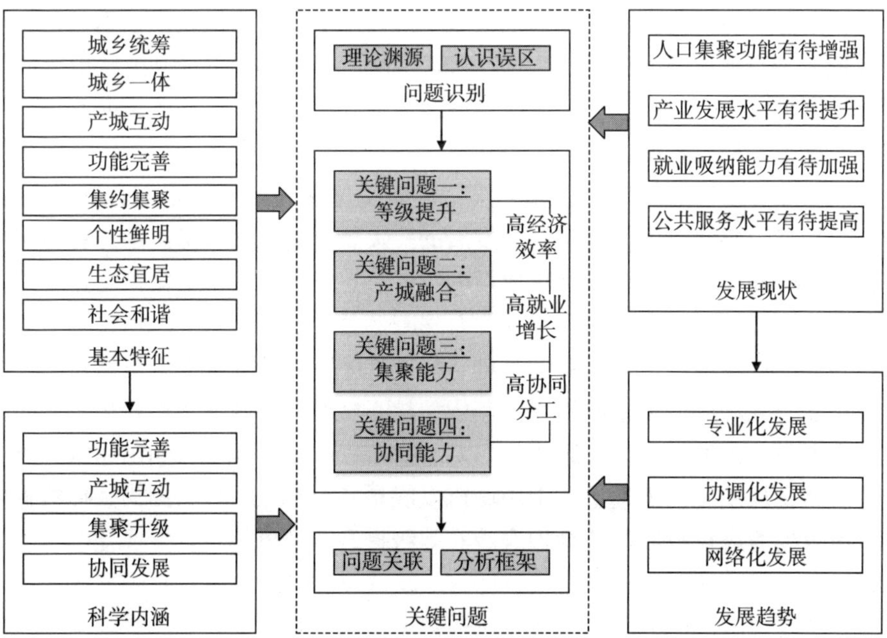

图 3-1　中小城市发展的关键问题识别

一、中小城市发展过程中亟待解决的关键问题识别

（一）中小城市发展过程中亟待解决的关键问题的理论渊源

当前，专门论述中小城市发展的研究尚不多见，但仍可从要素禀赋理论、要素理论、增长极理论、集聚经济理论和新经济地理学理论等理论中发现其思想来源。这些理论和思想来源使城市等级提升、产城融合上升、集聚能力提升和协同能力提升等问题成为中小城市发展亟待解决的关键问题。

（1）克里斯塔勒模型认为，每个大中心地的产品生产或服务能力不但和其自身等级有关，而且也受到次一级中心地的生产行为的影响。大中心地的优势在于其自身具有较高等级的功能水平。同时，该模型认为，城市存在着不同的等级，每个城市都根据其特定的规模履行相应的功能。这一理论模型说明了不同种类或质量的商品和服务（尤其是第三产业）是如何推动不同城市等级形成的。因此，中小城市发展理应重视中小城市等级提升的问题。

（2）城镇化与产业发展不对称的研究表明，城镇化脱离产业发展规律而过快推进会导致产能过剩，这就要求新型城镇化道路必须坚持产城紧密结合的原则[①]，适当弱化地方政府在城镇化进程中的主导地位，同时注重技术进步和要素改革的实效，以确保生产要素的合理配置、便捷流转和高效使用。因此，开展以经济效率提升为导向的中小城市产城融合发展的研究显得尤为必要。

（3）集聚的思想来源可追溯至西方经济学中关于集聚经济的理论，工业区位经济学家韦伯（A.Weber，1909）在《工业区位论》一书中量化了集聚形成的规则，认为空间集聚可以促进劳动力组织的专业化，节省交易成本，共享道路、煤气、自来水等公共设施。王为东等评估了集聚经济的重要性，认为资源空间集聚所引起的外部经济性可以降低成本，促进知识创新，显著提高竞争优势。马歇尔后来提出的集聚经济的潜在源泉包括知识外溢、劳动力市场蓄水池和投入品共享，其他经济学家进一步研究了国内市场效应、消费性经济和资源寻租等集聚动因的作用机制。新经济地理理论是在20世纪90年代由克鲁格曼等人开创的，该理论认为经济活动的集聚能够产生外部规模经济效应，企业集聚在同一区域，有利于劳动力市场共享和知识外溢，经济活动在空间上的不匀衡分布是“报酬递增”的结果。区域发展是一个在外部规模经济驱动下的经济空间的自我强化过程，某些偶然性、某种偏好和某种资源要素的天然可获得性等都可能在自我强化的过程中趋于不断放大，从而对区域发展格局的形成和

① 有研究采用2001~2012年中国省级面板数据检验了城镇化与制造业产能过程之间的关系，结果发现城镇化脱离产业发展规律而过快推进，迫使政府从财政、贷款和土地等方面加大对企业的干预，最终导致产能过剩。由此可知，新型城镇化道路必须坚持产城紧密结合的原则。

区域经济的发展产生决定性作用。区域发展格局一旦形成，就会通过生产的前向和后向关联以及要素的流动产生累积作用，使区域发展和经济分布具有“锁定”（Lock-in）效应。中小城市在发展过程中，经济活动和人口的集中集聚势必会对其发展产生重要影响。因此，识别中小城市就业集聚的外部规模经济效应成为亟待解决的问题。

（4）要素流动理论认为，区域经济的竞争优势不仅取决于区域内部自有的资源要素及开发利用能力，还取决于区域外部资源要素 -（如劳动力要素、资本要素、技术要素等）的流入或区域吸引外部资源要素的能力。因此，要素流动是经济增长与发展的巨大推动力。区域外部年轻、富有活力和技能的劳动力资源的流入，会形成集聚效应（本地效应和邻近效应），从而提高流入地整个国民经济的增长率，提高其发展潜力。资本流入形成的集聚优势，会显著提高流入地的投资吸引力和利润率。通过引入新技术和新的生产方法，也可以提高引入地的生产率和竞争力。城市群内部中小城市与大城市协调发展的本质是生产要素在空间上的整合与重组。空间生产和空间创新为要素协同提供了较为合适的解释依据和理论支持，通过城市要素整合与优化来配置城市内外部资源，通过城市群来发展城市经济，提高城市竞争力。因此，提升城市群内部中小城市与大城市之间的要素协同能力势必会成为中小城市发展过程中亟待解决的关键问题。

（二）中小城市发展过程中亟待解决的关键问题的认识误区

在现实中，人们对“城市等级由城市人口规模决定”“产城融合就是产业和城市发展的融合互动”和“规模外部性就是集聚经济效应”等的认识尚存在一些误区，这些认识误区驱使城市等级提升、产城融合上升、集聚能力提升和协同能力提升等问题成为中小城市发展过程中亟待解决的关键问题。

（1）城市人口规模并非是城市等级划分的唯一标准。城市功能作为城市存在的本质，其完备程度对城市发展的影响至关重要。然而，目前对城市等级的测度常常以人口规模为主要划分标准，忽略了城市功能在塑造城市自身与区域发展中的作用。因此，应将城市功能作为衡量城市等级的主要因素之一，识别其对城市等级的影响程度，这样才能更好地解释实际生活中一些中小城市的规模与等级不一致的现象。如苏黎世一个仅有 30 万人口的城市却能像纽约、东京这种特大城市一样成为重要的国际金融中心。然而，专业化理论可为这一现象作出解释，即城市功能完善或趋于高度专业化会导致城市等级偏高。城市等级与中小城市发展之间的关系如何，仍有待解答。

（2）产城融合并非是简单的产业和城市发展的融合互动，而应是在满足人的效用最大化和经济效率最大化的基础上，实现城市与产业发展的共同繁荣。现阶段，中小城市发展常存在有城无业和有业无城的问题，不是存在空城、“鬼城”的现象，就是存在产业发展缺少城市功能配套的情况。这已经得到了广大学者的关注，学者认为产城融合是新型城镇化的重要特征。有学者认为产城融合是以“人”为连接点的“产”“城”协同互促的过程[①]，是通过产品及要素市场的价格调节和因果循环机制来实现的。产城融合发展有利于各生产要素的有机流动，能够促进资源合理配置，推动城市高质量发展，在新型城镇化背景下构建中小城市的产城融合发展模式逐渐成为城市发展需要审视的重大战略议题。但是，目前尚没有可以直接反映和衡量产城融合基本情况的指标体系，也缺少关于产城融合情况对中小城市经济效率提升的作用机制及影响程度的研究。这使产城融合成为中小城市发展过程中亟待解决的关键问题之一。

（3）规模外部性并非是简单的集聚经济效应，而是由本地效应和邻近效应共同决定的。苏红键、魏后凯和邓明（2014）构建的包含规模效应、密度效应和结构效应在内的三维城市集聚经济综合分析框架，证实了规模外部性是集聚经济效应的重要构成部分，但其忽略了规模效应可分为本地规模效应（本地效应）和邻近规模效应（邻近效应）。以城市本地就业外部性规模为例，一个城市的高就业增长率不仅得益于城市本地的就业增长，还得益于其邻近城市的就业增长。目前，中小城市存在就业吸纳严重不足的情况，这不仅与目前大城市的“虹吸效应”相关，还与中小城市的自身发展密切相关。这就急需考虑中小城市的就业供需情况、基本特征（如就业基础环境和就业公共服务情况）以及就业政策等，探究中小城市就业规模外部性或集聚能力提升的问题。

（4）在理解城市体系对区域经济发展的作用时，仅强调单个城市的效率是不够的。空间均衡理论和城市空间结构理论认为，一个平衡的城市体系应该是大城市、中等城市、小城市和城镇的有规律的组合，各城市间不仅要考虑经济效率原则，如运输成本最小化和市场范围最大化，还应考虑新的经济效率原则，即城市间的合作或互补所产生的积极影响，这种合作与互补是通过生产单位的横向一体化或纵向专业化的生产链来实现地区间的劳动分工和生产专业化的。当前，城市群内部中小城市与大城市的协同，特别是合作或互补的协调发展，是推进以城市群为主体形态的新型城镇化发展的重要途径。城市群内部中小城市与大城市的要素协同情况如何，在综合考虑城市人口规模、地区生产总值、全社会固定资产投资总额和电信业务总量等因素的情况下中小城市与大城市的协同程度又是如何，这成为亟待研究的关键问题。

---

① 产城融合互动一方面通过提高人的效用来吸引高质量的劳动力，进而提升地区的产业发展水平和经济发展水平；另一方面通过促进人的集聚，为城市经济繁荣与发展提供必要前提和支撑。

二、中小城市发展过程中亟待解决的关键问题的关联

中小城市发展问题是一个复杂的系统问题，涉及城市、空间、产业、地理和交通等。基于系统的角度，中小城市发展系统可分为中小城市自身可持续发展系统和中小城市与大城市协调发展系统两个子系统，如此划分不仅是中小城市考虑自身发展的需要，也是中小城市明晰自身在城市群或区域发展中的地位与作用的需要。因此，从其自身来看，中小城市发展是城市功能不断完善、城市空间结构不断优化、产业不断升级和要素协同的过程；从其所处地位和作用来看，中小城市发展是城市由中小城市向大城市，再到城市群或区域一体化转变的过程。中小城市发展过程中亟待解决的关键问题的关联如图 3-2 所示。

中小城市自身可持续发展系统：中小城市自身可持续发展能力在城市等级提升机制和产城融合上升机制的作用下得到了进一步强化。只有强化城市功能，特别是强化服务功能及其专业化，才能不断提高中小城市的城市等级，进而促进中小城市的经济增长和高质量发展。随着城市功能的不断强化，在推进产业、人和城市功能融合的同时，进一步推进服务业集聚与人口、经济、空间、公共服务和生态的融合，在实现人的效用最大化的前提下，实现城市和产业发展的共同繁荣，进而促进中小城市的经济效率提高和经济发展。

中小城市与大城市协调发展系统：中小城市与大城市协调发展能力在集聚能力提升机制和协同能力提升机制的作用下得到了进一步强化。中小城市通过本地和邻近城市的人力资本积累、技术和知识外溢来加快分工与专业化的进程，进而驱动中小城市的产业和城市发展以及经济增长[①]。同时，专业化与多样化、人力资本积累、物流和信息流网络以及基础设施等方面的优势进一步推动了知识和技术创新的形成与扩散[②]，继而推动了城市群大中小城市的协同发展和城市群的经济增长。

简言之，新型城镇化背景下中小城市发展系统中的四大关键问题之间的关联具体体现在以下几个方面：第一，城市功能专业化通过替代城市规模而在城市或区域发展中发挥比较优势；第二，产城融合是城市功能、产业发展、人的效用和经济效率提升的融合上升；第三，就业集聚外部性由本地效应和邻近效应共同决定；第四，城市群内部大中小城市之间是基于分工与专业化的互补。

---

① 聚集经济加速了物质资本、人力资本和知识资本等要素的积累和自由流动，从而促进了经济增长。

② 资源是城镇化进程的必要组成部分。这些要素流动代表了对稀缺性市场信号的理性反映。国家政策促进了要素向城市流动和在城市间流动，为依靠市场力量来决定劳动力和资本的空间分布提供了有力的支撑。

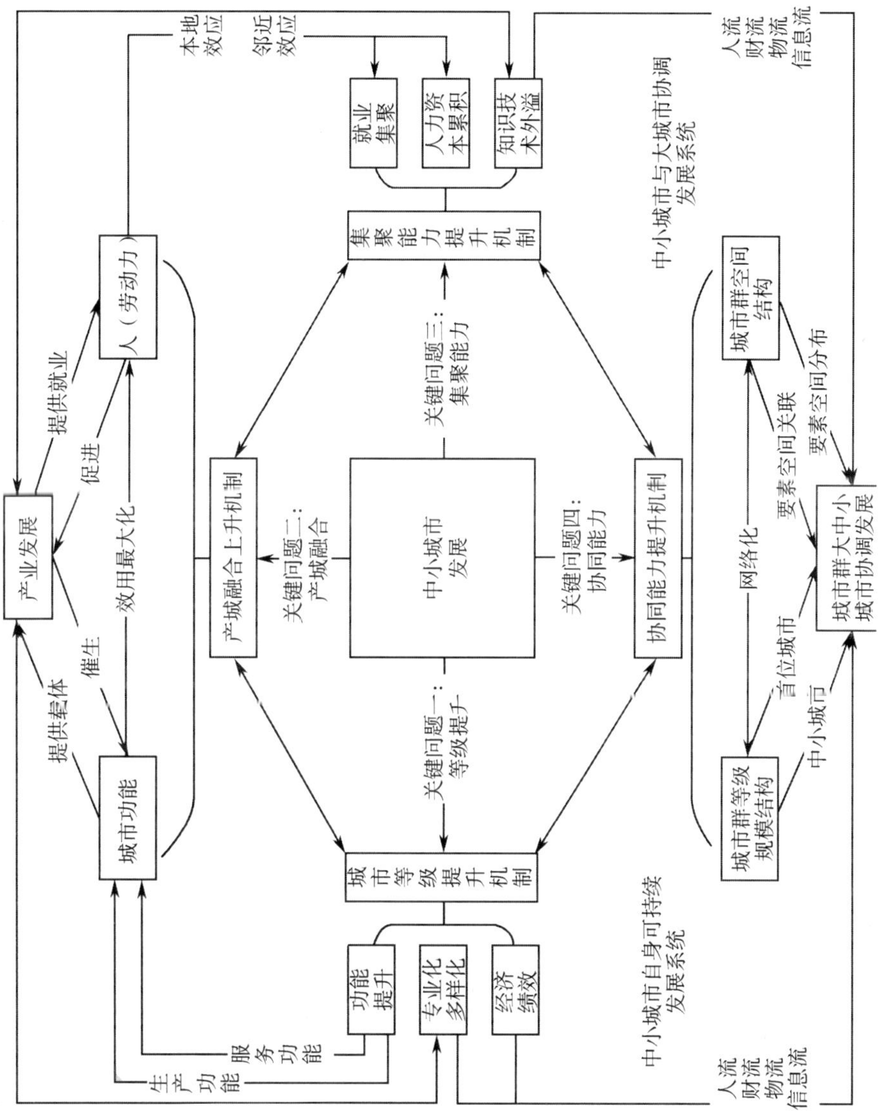

图 3-2 中小城市发展过程中亟待解决的关键问题的关联分析

三、中小城市发展亟待解决关键问题的分析框架

新型城镇化深刻影响着人们的经济社会活动及其空间分布。根据新型城镇化背景下中小城市发展的科学内涵和关键问题的关联分析，在新型城镇化进程中，中小城市一方面通过功能提升、规模扩大、提质增效和产业升级来提升城市等级和推动产城融合互动，进而促进其自身的可持续发展；另一方面通过就业集聚、资本积累、城市互动以及协调发展以提升集聚能力和协同能力，进而促进中小城市与大城市协调发展和网络化建设。中小城市作为区域发展的支撑，是推动国民经济发展的重要力量和新型城镇化的主阵地，中小城市的发展对转移人口和产业、优化城市体系、推进城市创新和缩小地区差距具有重要作用，影响着城市群高质发展和区域经济协调发展。后续各章节对中小城市发展过程中亟待解决的关键问题进行了分析，如图 3-3 所示。

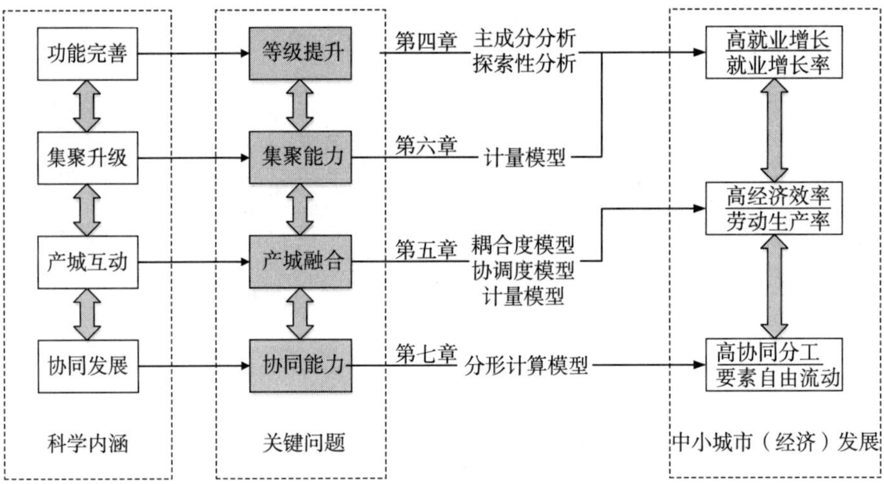

图 3-3 中小城市发展过程中亟待解决的关键问题的分析框架

（一）基于专业化角度的中小城市等级提升问题

城市功能作为城市存在的本质，其完备程度对城市发展的影响至关重要。然而，目前对城市等级的测度常常以人口规模为主要划分标准，忽略了城市功能在塑造城市自身与区域发展中的作用。要将城市功能作为衡量城市等级的主要因素之一，识别其对城市等级的影响程度，就需要采用主成分分析法来确定衡量城市等级的不同因素，这样才能更好地解释实际生活中一些中小城市的规模与等级不一的现象。国外关于城市规模是否根据城市功能和城市结构发生变动的问题悬而未决，在实际中，也确实存在城市质量并不总与城市规模密切相

关的情况，如苏黎世一个仅有30万人口的城市却能像纽约、东京这种特大城市一样成为最重要的国际金融中心。专业化理论可为这一现象作出解释，城市功能完善或趋于高度专业化会导致城市等级偏高。因此，本书将在第四章对这一问题进行更深入解答。首先，基于专业化理论确定城市功能；其次，考虑将城市功能作为城市等级的衡量指标，以确定城市等级指数；再次，分析城市等级与城市就业增长率之间的关系；最后，探讨城市等级与空间异质性交叉作用对城市就业生产率的影响。

（二）基于效率提升角度的中小城市产城融合问题

目前，产城融合作为新型城镇化的重要特征，开始得到广大学者的关注。中小城市产城融合应在满足人的效用最大化和经济效率最大化的基础上，实现城市与产业发展的共同繁荣。虽然，目前尚没有可以直接反映和衡量产城融合基本情况的指标，但耦合度模型和协调度模型为之提供了可行的研究方法。因此，第五章将以服务业集聚作为衡量产业发展的指标（之所以以服务业作为产业指标，是因为近年来，服务业逐渐成为了城市发展的后续动力），以新型城镇化作为衡量城市发展的指标，运用耦合度模型和协调度模型对两者的耦合互动情况进行分析，进而通过构建计量模型，探析产城融合情况对中小城市经济效率提升的作用机制及影响程度。

（三）基于供需角度的中小城市就业集聚问题

就业吸纳不仅是城市发展的重要功能，也是新型城镇化顺利推进的关键点。中小城市目前存在就业吸纳严重不足的情况，这不仅与目前大城市的“虹吸效应”相关，还与中小城市的自身发展密切相关。因此，研究中小城市就业集聚问题不仅要考虑中小城市的就业供需情况，还应考虑中小城市的地区基本特征，包括就业基础环境和就业公共服务情况，以及中小城市的就业政策等。因此，本书第六章将采用理论分析和实证分析相结合的方法，构建中小城市就业集聚经济的综合分析框架及计量模型，以考究中小城市产业结构、就业环境、人力资本、就业公共服务和就业政策等因素对中小城市就业增长的影响。另外，在苏红键、魏后凯和邓明（2014）构建的包含规模效应、密度效应和结构效应在内的三维城市集聚经济综合分析框架的基础上，将规模效应分为本地规模（本地效应）和邻近规模（邻近效应），探究就业集聚对中小城市就业增长的影响。

（四）基于城市群角度的中小城市与大城市协同发展问题

城市群内部中小城市与大城市的协同合作，特别是互补性的协调发展，是推进以城市群为主体形态的新型城镇化发展的重要途径。本书第七章将运用分形计算模型和齐普夫法则对城市群内部中小城市与大城市的协调发展情况进行深入分析。一方面，为避免仅考虑人口规模因素测度城市群内部中小城市与大城市要素协同情况而导致偏差的弊端，运用分形计算模型，综合考虑人口规模、地区生产总值体现、全社会固定资产投资总额和电信业务总量对中小城市与大城市协同发展程度的影响。另一方面，循序齐普夫定律对城市群内部中小城市与大城市的要素协同情况进行分析。

第四节　本章小结

本章首先重点分析了中小城市在人口集聚、产业发展、就业吸纳和公共服务四个方面存在的困境，进而归纳了中小城市发展趋于专业化、协调化和网络化的显著趋势。在此基础上，深入分析了中小城市发展过程中亟待解决的问题的理论渊源和认识误区，对中小城市发展过程中亟待解决的问题进行识别和关联分析，并构建了中小城市发展过程中亟待解决的关键问题的分析框架，为后续研究提供了现实和理论基础。

第四章　基于专业化角度的城市等级对中小城市发展的影响研究

自改革开放以来，我国不断扩大的地区差距与持续高速的经济增长受到了学界广泛关注。我国地区差距不断扩大引发的极地城市规模无限制扩大、中小城市规模空心化和地区之间经济发展更加不平衡等负面问题也日益受到学界的关注。过去关于我国地区差距的影响因素的研究，主要集中于政府干预、经济增长、产业结构失衡和空间集聚、产业转型升级、市场一体化程度和企业异质性、技术能力匹配和劳动力流动以及地区教育水平和基础设施建设等方面。陈殷和李金勇（2004）认为生产性服务业集聚能够节约交易成本，增强企业间可达性，提高业务机会，而且城市功能与生产性服务业集聚状况总体上呈对应关系，即在不同城市等级体系中，不同规模、等级和功能的城市对应不同劳动生产率和实力的生产性服务业企业集聚。值得注意的是，在地区差距增大的同时，中国也在经历城市等级体系的演进，特别是现阶段，大规模城市比例偏少，中小规模城市多而不强[①]。中小规模城市对中国地区差距有怎样的影响，过去文献鲜有涉及。

目前，国外学者对城市的研究更多地从等级层次理论向网络理论转变。在这一背景下，城市网络结构得到广泛讨论，该研究集中于城市及其周边地区关系的定性变化方面。这些研究表明，城市网络对都市区的塑造具有积极作用。同时，城市网络中核心城市具有的知识型服务业吸引力同样存在于区域一体化进程中。长期以来，国内关于促进城市专业化或多样化发展以加快城镇化建设的路径的研究仍存在争执，这种争执多以社会福利和规模经济为判断标准。事

① 第十二届中国中小城市发展指数研究成果暨《2016 中国中小城市发展报告 · 绿皮书》指出：截至 2016 年底，中小城市直接影响和辐射的区域面积达 934 万 km^2，占国土面积的 97.3%；中小城市人口达 11.74 亿，占全国总人口的 85.41%；中小城市及其影响和辐射的区域经济总量达 57.45 万亿元，占全国经济总量的 84.9%，中小城市在国民经济中的地位越来越重要。

实上，中小城市和大城市都可能对地区差距产生影响。已有研究就中小城市网络在城市发展中的重要作用给出了有益的实证结论。中国城市等级体系的形成和演变过程，不仅涉及城市化进程中提升城市人口比重的问题，还涉及城市在不同地区间分布的问题。在中国特殊国情下，城市等级是如何影响地区差距的？中国中小城市规模变动对地区差距变动有多大贡献？过去的文献缺少这些问题的探讨。

中国目前对城市等级的划分缺乏理论依据和实践经验，关于城市等级与地区差距关系的研究不足，既有研究主要集中于理论分析和案例研究方面，关于城市等级对地区差距的研究更是罕见。因此，城市等级与中小城市发展成为本书探讨的重要内容之一。

第一节　理论分析和模型构建

采用两要素（劳动与资本）的柯布—道格拉斯生产函数来探讨城市等级对中小城市发展的影响，具体如下：

$$Y_{i,\ j,\ t}=A_{i,\ j,\ t}K^{\alpha}_{i,\ j,\ t}L^{\beta}_{i,\ j,\ t} \tag{4-1}$$

其中，$Y_{i,\ j,\ t}$ 表示地区经济增加值，用于衡量城市经济高质量发展水平，K 和 L 分别表示资本投入和劳动投入，A 表示技术水平，i、j、t 分别表示某个地区、产业和时间。将式（4–1）进行滞后一期变化，则可以得到：

$$Y_{i,\ j,\ t-1}=A_{i,\ j,\ t-1}K^{\alpha}_{i,\ j,\ t-1}L^{\beta}_{i,\ j,\ t-1} \tag{4-2}$$

将式（4–1）两边同时除以式（4–2），再同时对两边取对数形式，则可以得到如下关于经济增长的方程：

$$\ln\left(\frac{Y_{i,\ j,\ t}}{Y_{i,\ j,\ t-1}}\right)=\ln\left(\frac{A_{i,\ j,\ t}}{A_{i,\ j,\ t-1}}\right)+\alpha\ln\left(\frac{K_{i,\ j,\ t}}{K_{i,\ j,\ t-1}}\right)+\beta\ln\left(\frac{L_{i,\ j,\ t}}{L_{i,\ j,\ t-1}}\right) \tag{4-3}$$

假设一地区的产业技术水平 A 的增长取决于产业的外部性，则可得到如下等式：

$$\ln\left(\frac{A_{i,\ j,\ t}}{A_{i,\ j,\ t-1}}\right)=f\left(Spe_{i,\ j,\ t-1},\ Div_{i,\ j,\ t-1},\ Y_{i,\ j,\ t-1}\right)+\partial_t \tag{4-4}$$

其中，$Spe_{i,\ j,\ t-1}$，$Div_{i,\ j,\ t-1}$ 和 $Y_{i,\ j,\ t-1}$ 分别表示 i 地区 j 产业在 t–1 期的专业化水平、i 地区 j 产业在 t–1 期的多样化水平以及 i 地区 j 产业在 t–1 期的初始发展水平；∂_t 表示随机扰动项。

将式（4–4）代入式（4–3）中，则可以整理得到式（4–5）。由式（4–5）可知，某一产业在某一地区的增长，不仅受资本和劳动力等要素投入的影响，还受该产业专业化水平、产业多样化水平和产业初始发展水平的影响。

$$\ln\left(\frac{Y_{i,j,t}}{Y_{i,j,t-1}}\right)=\ln Spe_{i,j,t-1}+\ln Div_{i,j,t-1}+\ln Y_{i,j,t-1}+\alpha\ln\left(\frac{K_{i,j,t}}{K_{i,j,t-1}}\right)+\beta\ln\left(\frac{L_{i,j,t}}{L_{i,j,t-1}}\right) \tag{4-5}$$

衡量特定产业在某一地区的专业化水平，一般采用区位熵这一测度指标，具体如下：

$$Spe_{i,j,t-1}=\frac{Y_{i,j,t-1}/Y_{i,t-1}}{Y_{n,j,t-1}/Y_{n,t-1}} \tag{4-6}$$

其中，n 表示全国，Y_i 和 Y_n 分别表示 i 地区和全国产业的增加值总量，$Y_{n,j}$ 表示产业 j 在全国的增加值总量，$Y_{i,j}$ 表示产业 j 在地区 i 的增加值总量。当 $\partial\ln\left(\frac{Y_{i,j,t}}{Y_{i,j,t-1}}\right)/\partial Spe_{i,j,t-1}>0$，表明相对于全国水平而言产业 j 在地区 i 的专业化水平较高，换句话说，产业外部性提高了地区生产力水平。

衡量某一产业在某地区的产业环境中面临的多样化情况，多采用赫芬达尔集中性这一测度指标，具体如下：

$$Div_{i,j,t-1}=\left(1/\sum_{j\neq j}^{M}\left[\frac{Y_{i,j,t-1}}{Y_{j,t-1}/Y_{i,j,t-1}}\right]^2\right)\Big/\left(1/\sum_{j\neq j}^{M}\left[\frac{Y_{n,j,t-1}}{Y_{n,t-1}/Y_{n,j,t-1}}\right]^2\right) \tag{4-7}$$

其中，M 表示产业的总和，Y_i 和 Y_n 分别表示 i 地区和全国产业的增加值总量，$Y_{n,j}$ 表示除产业 j 外所有产业在全国的增加值总量，$Y_{i,j}$ 表示除产业 j 外其他所有产业在地区 i 的增加值总量。当 $\partial\ln\left(\frac{Y_{i,j,t}}{Y_{i,j,t-1}}\right)/\partial Div_{i,j,t-1}>0$，表明相对于全国水平而言产业 j 在地区 i 的多样化水平较高，换句话说，产业外部性提高了地区生产力水平。

随着城市化的快速推进，城市发展不仅表现为城市规模扩展，还表现为城市产业功能的分工与深化。已有研究表明，城市功能不断出现的专业化分工特征，成为促进产业发展的重要影响因素，对生产性服务业的效率增长具有显著的推动作用。因此，在考虑地区经济发展和产业发展时，应充分考虑城市功能专业化 $CFS_{i,j,t-1}$ 的发展趋势。借鉴已有的相关研究，从地区专业化角度出发，用就业人数来度量城市功能专业化水平，并从生产功能和服务功能两个层面展开分析。

另外，考虑用引入地区的人均国内生产值 $PerC_{i,j,t-1}$ 和地区人均就业数量 $PerE^{i,j,t-1}$ 来反映地区经济绩效情况。依据新经济地理学理论，在考虑运输成本的前提下，企业常常选择向经济绩效较大的地区集聚，这样，经济绩效高的地区经济规模相对较大，市场规模也相对较大，地区工资水平进一步提升，消费者的消费水平也进一步提升，从而形成地区产业发展的自我增强机制，推进产业增长和城市等级提升。由此可知，城市增长取决于净区位收益曲线的形态，受到需求或市场规模条件的制约，而且与城市规模和城市等级相关。

为重点考察城市规模与地区差距、城市等级和地区差距之间的关系，将地区功能专业化、产业专业化和产业多样化以及经济绩效归为影响城市等级的重要因素，并对其进行测度，得到如下等式：

$$\begin{aligned}\ln\left(\frac{Y_{i,j,t}}{Y_{i,j,t-1}}\right) = {} & \alpha\ln\left(\frac{K_{i,j,t}}{K_{i,j,t-1}}\right)+\beta\ln\left(\frac{L_{i,j,t}}{L_{i,j,t-1}}\right)+\lambda\ln Spe_{i,j,t-1}+\\ & \delta\ln Div_{i,j,t-1}+\gamma\ln Y_{i,j,t-1}+\tau\ln CFS_{i,j,t-1}+\\ & \upsilon\ln PerC_{i,j,t-1}+\omega\ln PerE_{i,j,t-1}+\varepsilon_{i,j,t-1}\end{aligned} \tag{4-8}$$

其中，$\varepsilon_{i,j,t-1}$ 是一个随机项，为降低内生性问题，所有解释变量均滞后一阶。此外，为考察空间异质性的影响，将同步考虑城市等级和空间异质性交叉作用及城市规模与空间异质性的交叉作用对地区经济增长的影响。

基于上述分析，提出如下假说：

假说一：城市等级提升取决于城市功能的完善与提升，中小城市发展必然伴随着城市经济功能和社会功能的完善与升级，以实现功能专业化发展促进城市和区域经济增长的目标。

第二节　变量测度与数据说明

一、基于专业化的城市功能确定

（一）城市分析单元的确定

开展城市等级和城市规模对城市经济发展的研究首先需要界定城市分析单元。已有研究对城市分析单元的划分依据主要包括地理维度、经济维度、功能质量和多样性、居住紧凑程度等，其中，居住紧凑程度由于数据的不可获取性，仍是一个难以衡量的指标。虽然，城市形态在居住紧凑度、人口密度和经济活动集中实现均衡时能得到更好的识别，但是，中国各个城市仍存在单中心和多中心形态难以识别的问题，因而，在确定城市分析单元时，不考虑城市形态。

国外的城市分析单元一般以人口集中为主要特征[①]，本书借鉴这一思想，以地级及以上城市为研究对象，将地级及以上城市市辖区作为城市分析单元，同时，考虑将地级及以上城市非市辖区作为非城市分析单元。考虑到数据分析的可获得性及其可比性等因素，本书资料主要来源于《中国城市统计年鉴》(2005—2017)。

（二）城市功能确定

在城市分析单元界定后，对城市功能进行识别。城市功能是城市存在的本质特征。现有的城市等级是根据城市人口规模进行划分的，忽略了城市功能这一城市发展的动力因素。因此，将城市功能作为城市等级的测度指标之一是非常有必要的。虽然，已有相关研究对城市功能的划分依据进行了分析，但目前尚没有统一的识别和选择城市功能的方法。从本地专业化角度出发，借鉴Bade等（2004）相关研究，用就业人数来度量功能专业化水平。在经济功能方面，包括生产、金融、信息和物流功能，其中，生产功能包括采矿业，制造业，电力、热力、燃气及水的生产和供应业以及建筑业等活动。在社会功能方面，考虑独特的或高度专业化的城市服务供给，包括生活、居住、高等教育、科学研究、医疗、管理和文化等服务活动。具体的城市功能分类如表4-1所示。由表4-1可知，2016年，我国城市在信息、居住、教育、医疗、管理等方面的服务功能较为突出。

表4-1 基于城市分析单元的中国城市功能分类（2016年）

	城市功能	标准化城市分析单元专业化指数（a）	标准化非城市分析单元专业化指数（b）	城市与非城市分析单元专业化指数的比值（a/b）
经济功能	生产	0.064	0.063	1.159
	金融	0.067	0.075	0.893
	信息	0.073	0.059	1.237
	物流	0.066	0.070	0.943
社会功能	生活	0.082	0.045	1.822
	居住	0.062	0.085	0.727
	教育	0.068	0.059	1.153
	医疗	0.068	0.061	1.115
	文化	0.064	0.073	0.877
	管理	0.072	0.057	1.263
	科研	0.059	0.098	0.602

资料来源：《中国城市统计年鉴》(2017)。

① 国外的城市功能区域划分范围小且积累了多年的统计数据，如欧洲空间规划采用的识别方法是将分析单元定义为总居住人口不低于5万人且中心城区居住人口不低于1.5万人的地区。国内在微观区域范围的划分及其数据统计方面仍存在一定的难度，故采取地级及以上城市数据展开研究。

二、基于城市功能的城市等级确定

从本地专业化角度识别城市功能后，借鉴雅各布斯的观点，从多样化角度识别城市功能。这样，城市分析单元可根据城市专业化程度进行分类，也可以根据城市功能数量进行分类。借鉴魏守华、周山人和千慧雄（2015）的相关研究，城市专业化水平采用制造业就业人数占总就业人数的比重来进行测度，城市多样化水平采用生产性服务业就业人数占总就业人数的比重来进行测度。根据《国民经济行业分类与代码（GB/T74754–2011）》，生产性服务业主要包括交通运输、仓储和邮政业、信息传输、计算机服务和软件业、金融业、房地产业、租赁和商务服务业、科学研究、技术服务和地质勘查业等行业。同时，引入城市人均就业数量和城市人均产值两项经济绩效指标，为城市等级的识别和分类奠定基础。

采用因子分析法对城市功能、城市产业专业化和多样化程度及经济绩效指标进行主成分分析，以获取城市等级分类，即城市等级指数。各解释变量、主成分关系、每一变量的最终结果及贡献值如表 4–2 所示。其中，KMO 检验系数为 0.520，大于 0.5；Bartlett's 球形度检验显著性为 0，小于 0.05；近似卡方值为 785.36。

表 4–2　主成分分析结果

核心指标	二级指标	三级指标	公因子方差提取	主成分要素权重	特征值	方差（%）	累计方差（%）
城市等级	城市经济绩效	城市人均产值	0.889	0.199	2.238	37.294	37.294
		城市人均就业数量	0.236	0.074	1.374	22.906	60.200
	城市产业发展	产业专业化水平	0.828	0.195	1.001	16.687	76.887
		产业多样化水平	0.671	0.126	0.896	14.936	91.823
	城市功能专业化	经济功能专业化	0.957	0.199	0.441	7.356	99.179
		社会功能专业化	0.941	0.206	0.049	0.821	100.00

资料来源：根据 SPSS 21.0 软件计算结果整理得到。

第三节 结果与分析

一、城市等级划分的结果分析

根据初始值和主成分要素权重计算得到各个城市等级指数，将其分为低、较低、中等、较高和高五个等级根据初始值和主成分要素权重计算得到各个城市等级指数，进而将其分为低、较低、中等、较高和高五个等级：城市等级指数在 [25000,30000）范围内表示中小城市在经济绩效、城市产业发展水平和城市功能专业化等综合方面表现为高等级；城市等级指数在 [20000,25000）范围内表示中小城市在经济绩效、城市产业发展水平和城市功能专业化等综合方面表现为较高等级；城市等级指数在 [15000,20000）范围内表示中小城市在经济绩效、城市产业发展水平和城市功能专业化等综合方面表现为中等等级；城市等级指数在 [10000,15000）范围内表示中小城市在经济绩效、城市产业发展水平和城市功能专业化等综合方面表现为较低等级；城市等级指数在 [0,10000）范围内表示中小城市在经济绩效、城市产业发展水平和城市功能专业化等综合方面表现为低等级，如表 4–3 所示。

从整体角度分析中小城市等级。由表 4–3 可知，高等级中小城市有 5 个。其中，湘潭市、舟山市和廊坊市是高等级中小城市的前三甲，九江市和沧州市位居第四和第五。这表明，这些中小城市在所有中小城市中，不仅经济绩效突出，产业发展迅速，还具备了完善和专业的经济功能和社会功能。东、中、西部地区具有高、较高和中等等级的中小城市有 32 个，具有较低和低等级的中小城市有 35 个，超过所有中小城市数量的一半，可见，这些中小城市的城市功能亟待加强和完善。

表 4–3 中小城市等级划分

城市等级	东部	等级排名 / 人口规模排名	中部	等级排名 / 人口规模排名	西部	等级排名 / 人口规模排名	城市数量合计
高 [25000，30000）	舟山市	2/33	湘潭市	1/14			5
	廊坊市	3/19	九江市	4/38			
	沧州市	5/53					

续表

城市等级	东部	等级排名 / 人口规模排名	中部	等级排名 / 人口规模排名	西部	等级排名 / 人口规模排名	城市数量合计
较高［20000，25000）	漳州市	9/45	马鞍山市	8/24	北海市	6/39	
	嘉兴市	10/15	新余市	12/11	咸阳市	7/7	
	三明市	11/66	鹰潭市	13/67	防城港市	16/49	11
			辽源市	14/59			
			景德镇市	15/58			
中等［15000，20000）	营口市	18/8	郴州市	17/26	德阳市	27/34	
	河源市	23/65	荆门市	19/46			16
	金华市	25/2	娄底市	20/56			
	宁德市	26/57	松原市	21/51			
	衢州市	29/23	黄石市	22/22			
	韶关市	30/9	铜陵市	24/28			
	丽水市	32/61	萍乡市	28/12			
			滁州市	31/54			
较低［10000，15000）	南平市	34/20	濮阳市	33/32	渭南市	50/4	
	本溪市	38/10	焦作市	35/1	崇左市	55/63	
	承德市	39/47	三门峡市	36/41			
	辽阳市	42/17	鹤壁市	37/40			
	衡水市	46/6	长治市	40/62			
	梅州市	49/3	晋城市	41/36			
	邢台市	54/13	安庆市	43/30			
	汕尾市	56/55	黄冈市	44/64			25
			黄山市	45/60			
			驻马店市	47/21			
			池州市	48/37			
			孝感市	51/5			
			咸宁市	52/43			
			吉安市	53/48			
			牡丹江市	57/16			

续表

城市等级	东部	等级排名 / 人口规模排名	中部	等级排名 / 人口规模排名	西部	等级排名 / 人口规模排名	城市数量合计
低［0, 10000）	丹东市	62/27	周口市	59/42	铜川市	58/31	10
	云浮市	63/36	四平市	60/50	雅安市	65/44	
			运城市	61/35	商洛市	66/52	
			宣城市	64/18			
			绥化市	67/25			

资料来源：根据计算结果整理得到。

从地区角度分析中小城市等级。对各地区中小城市的城市等级进行标准化处理并进行均值分析，得出东部地区、中部地区和西部地区中小城市的城市等级指数分别为 0.410、0.444 和 0.435。这表明，中部地区中小城市的城市等级在整体上高于西部地区和东部地区中小城市的城市等级。

从城市群角度分析中小城市等级。对各城市群的中小城市等级进行标准化处理并计算均值，各城市群内部中小城市等级如图 4-1 所示。由图可知，中原城市群和北部湾城市群内部中小城市等级较高，其值分别为 0.569 和 0.565，其次是京津冀城市群、海峡西岸城市群和成渝城市群，其值分别为 0.512、0.502 和 0.500。城市群内部中小城市等级较低的区域为长江中游城市群和关中

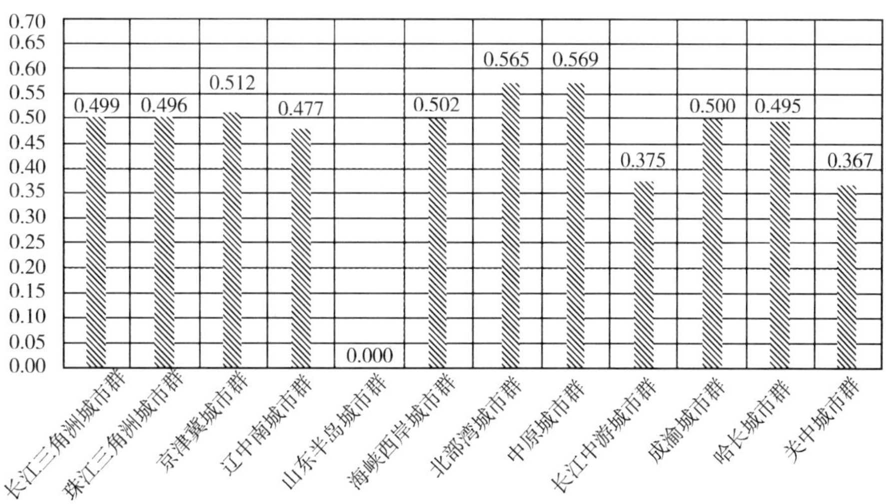

图 4-1 城市群内部中小城市等级

城市群，其值分别为 0.375 和 0.367。截至 2016 年底，山东半岛城市群内部已经没有地级及以上中小城市，故值为 0.000。

二、城市等级对中小城市就业增长率的影响结果分析

在根据城市指数对中国城市进行分类的基础上，结合城市规模，对 2004 年到 2016 年中国中小城市在区域经济发展中的基本情况进行分析。根据已有的关于城市经济发展率主流研究，城市经济增长率可用城市就业增长率来表示。城市就业增长率与城市产业结构变化和城市投资息息相关，人口和就业集聚增长和公共基础设施完善使城市拥有更好的就业机会、更高的工资和更好的生活质量等吸引力，有助于提升劳动生产率。因此，考虑用城市就业增长的差异来衡量城市经济发展的差距。

在分析城市等级与城市就业增长率之间的关系时，要考虑空间异质性的交叉影响。图 4–2 为中小城市等级与城市就业增长率关系的散点图，图 4–3 是城市等级（包括大城市和中小城市）与城市就业增长率关系的散点图。由图 4–2 可知，中小城市等级与城市就业增长率之间具有微弱的线性关系。由图 4–3 可知，中小城市和大城市的城市等级与城市就业增长率之间似乎呈正相关关系。

表 4–4 同步考虑了城市等级和空间异质性交叉作用对就业增长率的影响。结果显示，就业增长率呈现出高度的空间异质性；同时，在空间异质性固定的

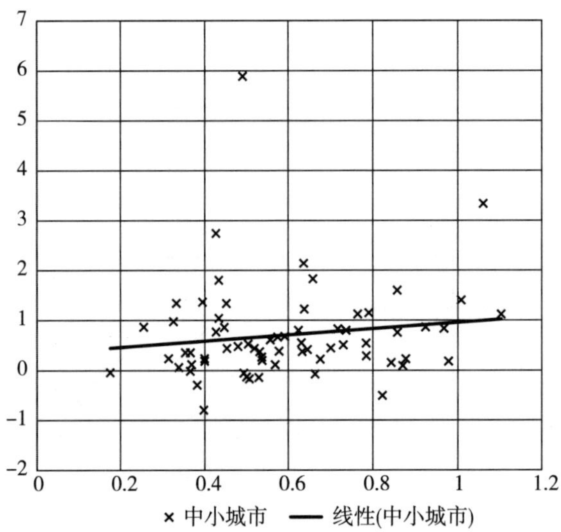

图 4–2 中小城市等级（X 轴）和城市就业增长率（Y 轴）关系的散点图

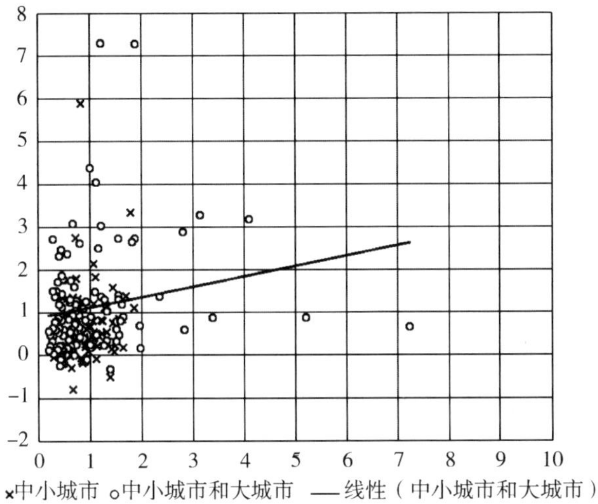

图 4-3 城市等级（X 轴）和城市就业增长率（Y 轴）的散点图

情况下，城市等级与城市就业增长率正相关。城市等级低时的就业增长率为 47.9%；城市等级较低时的就业增长率为 52.7%；城市等级中等时的就业增长率为 64.8%；城市等级较量时的就业增长率为 76.3%；城市等级高时的就业增长率为 83.7%。

表 4-4 城市等级和空间异质性交叉作用下的就业增长率

单位：%

	城市等级指数					均值
	低	较低	中等	较高	高	
东部	70.2	57.8	112.1	83.7	185.8	101.9
中部	32.8	88.3	44.7	71.4	65.2	60.5
西部	40.7	12.1	37.6	73.9	0.0	32.8
均值	47.9	52.7	64.8	76.3	83.7	—

表 4-5 对比分析了在考虑城市规模和空间异质性情况下的中小城市和大城市的城市数量和就业增长率及其贡献率，结果表明，大城市和中小城市在东部地区具有较高的就业增长率，高于中、西部地区。由此可见，中小城市的就业增长率与空间异质性息息相关。

表 4-5 在考虑城市规模和空间异质性情况下的城市数量和就业增长率及其贡献率

区域划分	中小城市			大城市		
	城市数量（个）	就业增长率（%）	贡献率（%）	城市数量（个）	就业增长率（%）	贡献率（%）
东部	23	101.9	52.2	61	147.0	47.8
中部	35	60.5	31.0	40	69.7	22.6
西部	9	32.8	16.8	19	91.2	29.6

第四节　本章小结

本章旨在分析城市等级对城市就业增长率的影响，探究中小城市在区域经济增长中的作用。首先界定了城市分析单元，其次结合地区专业化理论对城市功能进行分类，再次提出了城市功能的综合指标——城市等级指数，最后对城市等级与城市就业增长率之间的关系进行探索性分析，并得出以下结论：

第一，功能专业化对城市 / 区域经济增长具有重要作用。城市等级的高低不仅取决于城市产业专业化和多样化程度以及城市经济绩效，还取决于城市功能在塑造城市发展动力中的作用。从缩小地区差距的角度看，增强城市各项生产和服务集聚带动功能、发挥中小城市的增长极作用是城市可持续发展的未来方向。

第二，一些城市的城市规模与城市等级是不一致的，尤其是在中小城市。中小城市所提供的高水平和高质量城市服务功能，使其在知识密集型产业中实现了高度专业化，进而提升了就业增长率。从缩小地区差距的角度看，中小城市应加快产业结构调整，推动城市化经济和知识密集型服务业的发展，积极承接国家和政府的相关政策规划，促进产业集聚和现代服务业的专业化发展，同时加强高度监管。

第三，城市等级具有空间异质性。在考虑城市规模和空间异质性时，大城市和中小城市在东部地区具有较高的就业增长率，高于中、西部地区。在空间异质性固定的情况下，城市等级越高，城市就业增长率越高。这意味着合理引导产业从特大城市和大城市向中小城市转移是缩小地区差距的可实施手段。

第五章　基于效率提升角度的产城融合对中小城市发展的影响研究

《国家新型城镇化规划（2014—2020年）》提出，要加快推进新型城镇化和新型工业化建设，核心在产业发展，依托在城镇化，关键在协调联动。同时还提出“推动城市群成为推动区域协调发展的新的重要增长极”的发展目标，这一目标的实现要以产业为支撑，不能搞成空心化，这急需依托高端制造业、新兴产业和现代服务业来带动产业转移和升级。换句话说，城镇化经济的发展，要充分发挥集聚经济的作用，以促进经济效率的提高。以效率提升为导向的服务业集聚与新型城镇化互动发展的研究尤为必要。

当前，学术界广泛关注产城融合及其对经济效率提升的影响研究。一方面，以城镇化与服务业集聚融合发展为代表的产城之间既存在不对称又存在良性互动。产能过剩、技术进步慢和要素资源错配导致城镇化脱离产业规律而过快推进，最终导致了城镇化与服务业集聚发展的不对称问题。完备的基础设施、合规的制度环境、智慧的人力资本和广阔的市场腹地对城市生产性服务业空间集聚具有重要影响，能够对城市经济发展和城市空间塑造产生积极作用。另外，服务业的专业化和多样化集聚对城市发展具有显著的溢出效应，且城镇化和服务业集聚之间的协同发展具有逐步加强的时变特点和分布的空间变迁特点。另一方面，产城融合提升经济效率的作用仍具有不确定性。作为区域经济发展过程中的两个重要体系，产业集聚与城镇化通过相互作用和彼此影响确实在一定程度上促进了经济效率的提升和经济效应的增长。但是，交通可达性或交通基础设施对经济增长的正负溢出效应、对外开放度提高对经济效率提高的促进或制约作用以及技术进步对经济增长的正负向作用等对产城融合提升经济效率有着一定的抑促作用。

产业集聚与城镇化在各地区的发展进程中面临着如何推进服务业集聚与新型城镇化融合发展的问题。不同地区的服务业集聚水平和新型城镇化水平不尽相同。那么，近年来，全国及各地区中小城市服务业集聚和新型城镇化互动发展推进产城融合协调的实际情况如何？中小城市产城融合是否提升了经济效率？中小城市产城融合提升经济效率的作用机制为何？因此，产城融合与中小城市发展成为本书的重要研究问题。

第一节 理论分析与模型构建

一、产城融合影响中小城市发展的理论分析

（一）产城融合机理

融合指的是两个及两个以上的系统通过相互作用、互动发展而彼此影响的现象。以服务业集聚与新型城镇化互动发展为代表的产城融合程度取决于两者相互作用与彼此影响的水平。在一定程度上，新型城镇化推进了服务业集聚与发展，反过来，服务业发展又促进了新型城镇化的发展进程，两者之间产生了彼此交互的融合效应。

以服务业集聚与新型城镇化互动发展为代表的产城融合的作用机理分析如图 5-1 所示。一方面，新型城镇化促进服务业集聚。首先，新型城镇化促进服务业集聚水平的提升。目前，新型城镇化的目标之一是实现人口城镇化。在城市发展过程中，大量的人口迁移和集聚于城镇中，满足了服务业的增长需求，城市的数量增加和规模扩张，极大地促进了服务业规模的增长，提升了服务业集聚水平。其次，新型城镇化促进服务业集聚结构的优化。新型城镇化带来的居民收入水平和消费水平的改变也推动着服务业集聚结构的升级。实现公共服务城镇化也是新型城镇化的目标之一，由此将传统的服务向现代服务的转变也推动着服务业集聚结构的优化。另一方面，服务业集聚加速新型城镇化。第一，服务业集聚推进了经济城镇化。城镇化的特征之一是实现经济结构从农业到工业再到服务业的转移，这也间接表明服务业自身的增长过程即为经济城镇化的过程。第二，服务业集聚推进了人口城镇化。服务业集聚具有强大的“虹吸效应”，发达的服务业和城市良好的基础设施快速吸纳人口向城市集中，推动人口城镇化进程。第三，服务业集聚推进了空间城镇化。工业化进程从“量”的角度加快了城镇化建设，不仅促进了城市数量的增加，还促进了城市规模的扩张。而服务业集聚则从“质”的角度提升了新型城镇化质量，不仅

优化了城市空间结构和布局，还完善了城市功能。第四，服务业集聚推进了公共服务城镇化。服务业，尤其是医疗、交通和教育等公共服务业的空间溢出效应，丰富和提升了城市居民生活的内容和质量。第五，服务业集聚推进了生态城镇化。在服务业发展过程中，加强城镇生态守护和环境保护、推进绿色生产和消费成为城镇经济生活的主流，有助于促进生态城镇化。不同地区的服务业集聚水平和集聚结构不同，且人口、经济、空间、公共服务和生态城镇化的发展进程也不尽相同，这势必会影响全国或各地区服务业集聚与新型城镇化的融合互动发展程度。

（二）产城融合提升经济效率的作用机理

产城融合提升经济效率的作用机理分析见图 5-1。就我国目前的实际情况而言，全国中小城市发展建设过程中不可避免的问题是，服务业集聚发展水平滞后，难以满足新型城镇化的提质需求，以至于新型城镇化建设脱离服务业发展规律而过快推进。然而，仍有地区存在新型城镇化建设落后于服务业集聚发展的情况，如早期东部沿海地区的发展，虽然整体上较中、西部地区中小城市发展快，但可能更加偏重于新型城镇化和服务业集聚的独立发展，并没有发挥它们之间同步发展的协调作用，且内部省份之间存在一些差异，尤其是服务业的快速发展拉大了与新型城镇化同步发展的步伐，这也使东部地区中小城市产城融合失衡状况较为严重。相关研究表明，空间溢出与外部经济对一地及周边

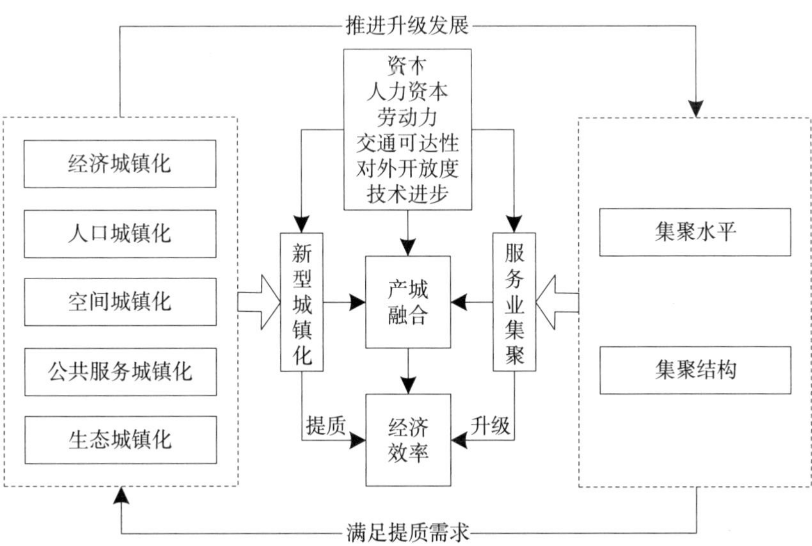

图 5-1　产城互动及产城融合提升经济效率的作用机理

资料来源：根据相关资料整理得到。

地区的经济增长具有显著影响。服务业集聚溢出效应和新型城镇化的外部经济效应积极促进了人口、产业和公共服务资源的集聚以及各项资源的优化配置，而服务业集聚与新型城镇化的融合效应则更能促进高级要素资源的集聚和配置，以满足新型城镇化的提质需求，促进服务业集聚的升级发展，从而提升经济效率与经济效益。

服务业集聚与新型城镇化的独立发展有助于提升经济效率，两者的融合互动也有助于经济效率的提升。受城市资本、劳动力、人力资本、交通基础、对外开放度和技术进步等多种因素的影响，服务业集聚与新型城镇化的独立发展及两者融合发展程度存在较大差别。在新型城镇化建设过程中，通过建设基础设施网络、更新和改造固定资产投资、不断进行技术和服务创新、积极引入中高端人才及发展高端服务业和新兴产业等路径，可以加快吸引创新要素集聚和加强供给侧结构性改革的经济增长动力，同时，积极发挥新型城镇化地理集聚优势有助于降低交通运输成本、共享中间投入品、分享劳动力储备，实现工人与企业之间的匹配和扩大企业之间的知识溢出，进而促进服务企业集聚与良性竞合，推进服务业集聚与发展壮大。在新型城镇化质量提升过程中以及对外开放和科技进步的作用下，人们追求的生产方式、生活方式和消费方式趋于多样化，人们的新需求也倾向于多样化，新需求导致人们对服务业的需求呈现出多样性的特点，这极大地推动了服务业内部结构由传统服务业向现代服务业转变，也逐步呈现出服务需求从国内走向国外的趋势。

基于上述分析，提出如下假说：

假说二：中小城市的新型城镇化促进了服务业集聚水平提升和结构优化，反过来，中小城市服务业发展促进了以人口、经济、空间、公共服务和生态为一体的新型城镇化的发展[①]，两者之间产生的彼此交互的融合效应，促进了经济效率提升。资本、人力资本和对外开放程度等因素在一定程度上推动了中小城市产城融合对经济效率的提升。

二、产城融合影响中小城市发展的模型构建

（一）中小城市产城融合的融合度模型构建

依据物理学定义，系统融合度记为 C，且 $0 \leqslant C \leqslant 1$。设 x_{ij} 为序参量 j 对子系统 i 的功效，λ_{ij} 为序参量对应的权重。参照相关文献，设定综合序参量 U_1、U_2 与融合度 C 的函数表达式如式（5-1）所示。其中，功效系数 x_{ij} 的算式为：

① 城镇化带来了生活性和生产性的服务需求，其扩大以及创新要素的集聚和知识的传播有助于增强创新活力，进而驱动传统产业升级和新兴产业发展，特别是服务业的集聚与发展。坚持城镇发展与产业发展共同抓，把城镇化与调整产业结构、培育新兴产业、发展服务业、促进就业创新相结合，真正推动产业与城镇的融合发展。

若 $x_{ij}=(X_{ij}-b_{ij})/(a_{ij}-b_{ij})$，则 x_{ij} 具有正功效；若 $x_{ij}=(a_{ij}-X_{ij})/(a_{ij}-b_{ij})$，则 x_{ij} 具有负功效。在确定各序参量的权重时，为避免主观因素的影响，主要运用熵值赋权法。根据张勇等和吴玉鸣等对融合度阶段划分的标准及本书的实际研究需要，将融合度划分为以下几个阶段：当 $0<C\leqslant 0.3$，表示低度融合；当 $0.3<C\leqslant 0.5$，表示中度融合；当 $0.5<C\leqslant 0.8$，表示良性融合；当 $0.8<C<1$，表示高度融合。特别地，当 $C=0$，表示无序融合；当 $C=1$，表示极度融合。

$$C=\sqrt{(U_1\times U_2)/(U_1+U_2)},\quad U_i=\sum_{j=1}^{n}\lambda_{ij}x_{ij},\quad \sum_{j=1}^{n}\lambda_{ij}=1\ (i=1,\ 2) \tag{5-1}$$

（二）中小城市产城融合的融合协调度模型构建

融合协调度模型是对融合度模型的进一步完善。参照相关文献做法，构建服务业集聚与新型城镇化的融合协调度模型，如式（5-2）所示。在式（5-2）中，C 为融合度；D 为融合协调度；T 为服务业集聚与新型城镇化的综合协调指数，反映了服务业集聚与新型城镇化的整体协同效应，一般地，$0<T<1$ 且 $0<D<1$；U_1、U_2 分别为服务业集聚、新型城镇化的综合序参量；a、b 均为待定参数[①]。根据张勇等和马丽等对协调度阶段划分的标准和本书的实际研究需要，将协调度划分为以下几个阶段：当 $0<D\leqslant 0.3$，为低度协调；当 $0.3<D\leqslant 0.5$，为中度协调；当 $0.5<D\leqslant 0.8$，为良性协调；当 $0.8<D<1$，为高度协调。特别地，当 $C=0$，表示无序协调；当 $C=1$，表示极度协调。

$$D=\sqrt{C\times T},\quad T=aU_1+bU_2 \tag{5-2}$$

（三）中小城市产城融合影响经济效率提升的计量模型构建

根据文献及研究需要，本书在一般生产函数模型的基础上纳入中小城市产城融合协调度。假设与传统的产出生产函数相关，其中，各中小城市实际产出为 Y，中小城市产城融合协调度为 ICC，中小城市劳动力数量为 L，中小城市资本存量为 K，则有：

$$Y=f(ICC,\ L,\ K) \tag{5-3}$$

其对应的柯布—道格拉斯生产函数模型如下：

$$\ln Y=\alpha_0+\alpha_1\ln ICC+\alpha_2\ln L+\alpha_3\ln K+\varepsilon \tag{5-4}$$

产城融合和协调发展除了受资本和劳动力条件影响外，也离不开人力资本、交通基础、对外开放度和技术条件的共同约束，故引入控制变量 X。X 具体包括在校学生数 HK、交通可达性 A、对外开放度 O 和技术进步 T 等。修正的柯布—道格拉斯生产函数如式（5-5）所示，其中，α 为待估参数，ε 为随机误差。

---

① 当前，服务业集聚与新型城镇化之间的互动作用在逐步加强。鉴于两者在当前发展中的重要性，因而在测度两者协调发展过程中设定两者同等重要，即协调度计算中的参数 a、b 均取值为 1/2。

$$\ln Y=\alpha_0+\alpha_1\ln ICC+\alpha_2\ln L+\alpha_3\ln K+\alpha_4\ln HK+\alpha_5\ln A+\alpha_6\ln O+\alpha_7\ln T+\varepsilon \tag{5-5}$$

第二节 变量选取与数据说明

一、变量选取

（一）中小城市产城融合测度的变量选取

结合产城融合机理和系统融合理论，遵循科学性、层次性和可操作性原则，参照现有的相关文献，建立以服务业集聚与新型城镇化互动发展为代表的中小城市产城融合评价指标体系，如表 5-1 所示。

中小城市服务业集聚评价指标主要从集聚水平和集聚结构两个维度进行选取。在服务业集聚水平层，采用区位熵指数对服务业集聚水平予以测度，即某一中小城市第三产业增加值与该中小城市所处地区生产总值之比占该地区第三产业增加值与全国中小城市生产总值之比的比重。在服务业集聚结构层，由于新型城镇化层的空间城镇化对服务业增加值具有积极效应，且对服务业增加值比重具有显著的正向作用，因此，设定第三产业分别占第一产业和第二产业产值的比例、第三产业就业分别占第一产业和第二产业就业的比例四个指标。又因为在新型城镇化过程中，城市服务业比重特别是生产性服务业比重对区域影响力和服务能力具有决定作用，故设定生产性与非生产性服务业产值比这一指标。

中小城市新型城镇化评价指标主要从经济、人口、空间、公共服务和生态城镇化五个维度来选取。在经济城镇化方面，除设定单位建成区土地面积万元产值指标外，还设定非农产业产值占 GDP 的比例这一指标，实证研究发现表明，当把第二产业和第三产业看作是一个整体时，集聚效应更加显著。在人口城镇化方面，常用指标有城镇人口比重、非农业人口比重和第三产业就业人数占比三种，本书采用普遍适用的城镇人口比重进行测度。空间城镇化设定城市建设用地占市辖区面积的比重和城市人口密度两个指标。公共服务城镇化从教育和医疗两个方面设定每万人拥有教师数和每万人拥有医生数两个指标。生态城镇化选用建成区绿化覆盖率这一指标。

表 5-1 中小城市产城融合评价指标

	一级指标	二级指标	单位
服务业集聚	集聚水平	服务业集聚度（区位熵）	%
	集聚结构	第三产业产值占第一产业产值的比例	%
		第三产业产值占第二产业产值的比例	%
		第三产业就业占第一产业就业的比例	%
		第三产业就业占第二产业就业的比例	%
		生产性服务业产值占非生产性服务业产值的比例	%
新型城镇化	经济城镇化	每单位建成区土地面积万元产值	万元 / 平方千米
		非农产业产值占 GDP 的比例	%
	人口城镇化	人口城镇化率	%
	空间城镇化	城市建设用地占市辖区面积比重	%
		城市人口密度	人 / 平方千米
	公共服务城镇化	每万人拥有教师数	人 / 万人
		每万人拥有医生数	人 / 万人
	生态城镇化	建成区绿化覆盖率	%

资料来源：根据相关资料整理得到。

（二）中小城市产城融合对经济效率提升的变量选取

设定经济效率为被解释变量，参考刘伟和蔡志洲的文献，以劳动生产率代替经济效率[①]，用 GDP 占总就业人数的比重进行测算。核心解释变量为产城融合，用中小城市服务业集聚和新型城镇化融合协调度进行阐释。为得到无偏的估计结果，增强模型的解释力，还需要对中小城市产城融合影响经济效率的其他变量加以控制。固定资产投资用以反映各中小城市的资本条件，用城市固定资产投资表示。劳动力条件则选用城市单位就业人数进行测度，同时，为更好地测度劳动力素质和技能对劳动生产率的促进作用，选取普通本专科和中等职业学校的学生数量作为人力资本条件。由于交通基础条件、对外开放条件和技

① 刘伟和蔡志洲认为如果把国民经济活动中的投入划分为三个大的类别，即时间、劳动和其他生产要素（如资本、土地和自然资源）的投入，那么，国民经济的效率就按不同层次分为经济活动的时间效率、劳动效率和技术效率。本书则主要用劳动投入（效率）即劳动生产率来测度经济效率。

术条件在一定程度上对城市经济发展和产业升级有一定的积极作用，因而，设置交通可达性、对外开放度和技术进步三个相关指标，分别用城市建成区实有道路长度、进出口贸易总额占 GDP 比重和高技术产业新产品产值占 GDP 比重等指标来表示。各变量与指标的具体说明，如表 5-2 所示。

表 5-2 变量选取与指标说明

		指标	指标说明	单位
被解释变量	经济效率	劳动生产率（*Y*）	GDP 占总就业人数的比值	亿元 / 人
解释变量	产城融合	融合协调度（*ICC*）	新型城镇化与服务业融合协调度	—
控制变量	资本条件	固定资产投资（*K*）	城镇固定资产投资	亿元
	劳动力条件	就业人数（*L*）	城镇单位就业人员	万人
	人力资本条件	在校学生数（*HK*）	普通本专科和中等职业学校学生数	人
	交通基础条件	交通可达性（*A*）	城市建成区面积上实有道路长度	千元 / 平方千米
	对外条件	对外开放度（*O*）	进出口贸易总额占 GDP 比重	%
	技术条件	技术进步（*T*）	高技术产业产品产值占 GDP 比重	%
	哑变量	分地区中小城市	东部、中部和西部地区中小城市	—

注：由于新型城镇化和服务业集聚多出现于城镇或城市，故选取与城镇或城市相关的变量指标。
资料来源：根据相关资料整理得到。

二、数据说明

根据指标数据的可得性和完整性，本书选择对中国 67 个中小城市 2004~2016 年的产城融合情况进行测度。测度所用数据取自《中国城市统计年鉴》（2005~2017）和《中国统计年鉴》（2005~2017）。在分析中小城市产城融合对经济效率提升的影响时，2004~2016 年的指标数据由《中国城市统计年鉴》（2005~2017 年）和《中国统计年鉴》（2005~2017）的相关数据整理计算得到。融合协调度的相关数据由融合协调度模型计算出的融和协调度来表示，如表 5-3 所示。另外，2004~2010 年高技术产业新产品产值取自《高新技术产业统计年鉴》（2005~2011），2011~2016 年高技术产业新产品产值采用移动平均法计算得到。

第三节　结果与分析

一、产城融合的估计结果分析

根据式（5-1）和式（5-2）计算可以得到全国中小城市、分地区中小城市2004~2016年的融合度和融合协调度，并对这13年全国中小城市和分地区中小城市的融合度和融合协调度值作平均处理，处理结果如表5-3所示[①]。

表5-3　全国、分地区中小城市服务业集聚与新型城镇化的融合度（C）及融合协调度（D）汇总表

年份	全国中小城市		东部地区中小城市		中部地区中小城市		西部地区中小城市	
	融合度	融合协调度	融合度	融合协调度	融合度	融合协调度	融合度	融合协调度
2004	0.424	0.287	0.406	0.272	0.449	0.311	0.418	0.278
2005	0.424	0.292	0.408	0.284	0.426	0.293	0.438	0.299
2006	0.427	0.292	0.393	0.267	0.477	0.340	0.411	0.269
2007	0.428	0.290	0.403	0.274	0.450	0.307	0.429	0.289
2008	0.420	0.288	0.387	0.270	0.448	0.307	0.426	0.289
2009	0.421	0.289	0.392	0.274	0.455	0.314	0.415	0.279
2010	0.421	0.287	0.397	0.274	0.442	0.301	0.424	0.286
2011	0.412	0.282	0.371	0.260	0.448	0.307	0.416	0.280
2012	0.388	0.264	0.399	0.275	0.396	0.271	0.368	0.244
2013	0.438	0.303	0.416	0.287	0.442	0.304	0.455	0.318
2014	0.442	0.316	0.429	0.299	0.430	0.302	0.466	0.345
2015	0.435	0.316	0.472	0.339	0.421	0.308	0.412	0.302
2016	0.400	0.294	0.420	0.301	0.396	0.287	0.385	0.296
均值	0.421	0.292	0.407	0.283	0.437	0.304	0.420	0.290

资料来源：根据模型运算结果整理得到。

① 东部地区中小城市包括11个省级行政区的中小城市，分别为北京、天津、河北、辽宁、上海、江苏、浙江、福建、山东、广东和海南的中小城市；中部地区中小城市包括8个省级行政区的中小城市，分别是山西、吉林、黑龙江、安徽、江西、河南、湖北和湖南的中小城市；西部地区中小城市包括的省级行政区共12个，分别是四川、重庆、贵州、云南、西藏、陕西、甘肃、青海、宁夏、新疆、广西和内蒙古的中小城市，但因研究需要舍去西藏，故样本数为11个。

由表 5-3 可知，就全国中小城市而言，2004~2016 年全国中小城市融合度和融合协调度整体趋势上保持一致，全国中小城市在开始时处于低度融合协调发展阶段，但进入 2013 年后向中度融合协调发展阶段快速迈进。这表明全国中小城市服务业集聚和新型城市发展呈现出不断协同发展的局面。就分地区中小城市而言，2004~2016 年产城的融合程度和融合协调程度表现为东部地区中小城市略低于西部地区中小城市，西部地区中小城市略低于中部地区中小城市。中部地区中小城市的融合度值在 0.396~0.477，呈现出微弱的下降趋势，西部地区中小城市和东部地区中小城市则基本维持在 0.368~0.466，保持了一种平衡状态。东、中、西三个区域基本处于中度融合和低度协调阶段。这一结果显示，近 13 年来，虽然服务业集聚与新型城镇化各自均获得了快速发展，但两者整体上仍没有形成高度协同发展的局面，且没有真正地发挥两者之间相互作用、相互促进、相互提升的作用，特别是相较于中、西部地区中小城市而言，东部地区中小城市失衡现象较为严重，融合度和协调融合度的均值分别为 0.407 和 0.283。为何会出现以上的发展趋势和明显差异，本书给出以下两方面较为合理的解释。

第一，分地区中小城市之间联动发展差异导致中小城市服务业集聚与新型城镇化融合协调程度不高。2004~2016 年，虽然东、中、西部地区中小城市服务业集聚与新型城镇化均处于中度融合互动阶段，但整体上东部地区中小城市低于中部和西部地区中小城市的融合互动程度。这可由表 5-4 列出的综合序参量作出解释，除个别年份外，东、中、西部地区中小城市服务业集聚的序参量（U1）低于新型城镇化的序参量（U2）。这表明，全国中小城市和分地区中小城市融合协调程度不高在很大程度上是因为中小城市服务业集聚相对落后于新型城镇化的发展，换言之，中小城市服务业集聚相对落后，没有达到新型城镇化质量和功能提升的产业转移和升级要求。就分地区中小城市而言，东部地区中小城市服务业集聚与新型城镇化的序参量差值为 0.076，中部和西部地区中小城市差值分别为 0.043 和 0.008，这清晰显示了东部地区中小城市相对于中部和西部地区中小城市而言，新型城镇化脱离产业规律严重且发展过快。

第二，分地区内部中小城市独立发展差异导致中小城市服务业集聚与新型城镇化的融合协调度差异明显。东、中和西部地区中小城市服务业集聚与新型城镇化的融合协调度最增值差距分别为 0.124、0.133 和 0.130，差异均较小，基本维持在 0.1~0.2，如表 5-3 所示。从东、中、西部地区内部各中小城市历年的服务业集聚与新型城镇化融合协调度来看，东部、中部和西部地区中小城市间融合协调度差值都在 0.2 以上，分别为 0.426、0.279 和 0.235。这表明，分地区中小城市的融合协调度差异较小，凸显全国中小城市整体的一致性，但

表 5-4　全国、分地区中小城市服务业集聚的综合序参量（U1）与新型城镇化的综合序参量（U2）汇总表

年份	全国中小城市		东部地区中小城市		中部地区中小城市		西部地区中小城市	
	U1	U2	U1	U2	U1	U2	U1	U2
2004	0.188	0.212	0.170	0.224	0.210	0.222	0.182	0.191
2005	0.180	0.223	0.157	0.239	0.185	0.219	0.197	0.211
2006	0.195	0.207	0.149	0.217	0.255	0.230	0.179	0.174
2007	0.182	0.213	0.159	0.215	0.203	0.219	0.185	0.206
2008	0.186	0.212	0.151	0.228	0.202	0.220	0.204	0.188
2009	0.184	0.216	0.145	0.238	0.211	0.225	0.195	0.184
2010	0.180	0.213	0.152	0.226	0.199	0.214	0.190	0.200
2011	0.172	0.217	0.125	0.240	0.191	0.231	0.199	0.180
2012	0.132	0.228	0.151	0.230	0.132	0.242	0.114	0.212
2013	0.190	0.231	0.160	0.237	0.188	0.234	0.222	0.223
2014	0.194	0.261	0.169	0.249	0.180	0.250	0.234	0.285
2015	0.211	0.255	0.231	0.259	0.195	0.266	0.206	0.240
2016	0.172	0.270	0.166	0.269	0.140	0.281	0.210	0.261
均值	0.182	0.228	0.160	0.236	0.192	0.235	0.194	0.212

资料来源：根据模型运算结果整理得到。

分地区中小城市内部各城市差异较大，表明中小城市服务业集聚与新型城镇化的融合协调内部差异性的存在。虽然最大差值出现在东部地区内部中小城市，但由于资源、资本和人才等集聚优势突出，促使产城融合得以同步推进。以下对产城融合对中小城市经济效率的作用展开了深入分析。

二、产城融合影响中小城市经济效率提升的估计结果分析

全国中小城市和东、中、西部地区中小城市服务业集聚和新型城镇化的演进历程和发展程度不同，可能导致产城融合对经济效率的影响和作用效果也不尽相同。同时，从数据出发，根据不同的标准调整分类来考察和检验结果是否依旧显著，以进行稳健性检验。因此，在对全国中小城市运用面板数据进行最小二乘法估计的基础上，采用同样的方法分别对东、中、西部地区中小城市加以估计。估计结果如表 5-5 所示。

表 5-5 经济效率提升的估计结果

变量	全国中小城市	分地区中小城市		
		东部地区中小城市	中部地区中小城市	西部地区中小城市
ln*ICC*	0.190*** （6.68）	0.294*** （4.74）	-0.024 （-0.40）	0.086** （2.53）
ln*K*	0.620*** （50.18）	0.652*** （25.02）	0.602*** （30.60）	0.641*** （48.27）
ln*L*	-0.849*** （-43.85）	-0.904*** （-33.52）	-0.620*** （-14.57）	-0.905*** （-34.83）
ln*HK*	0.280*** （13.08）	0.358*** （10.51）	-0.003 （-0.06）	0.323*** （11.04）
ln*A*	-0.092*** （-5.43）	-0.014 （-0.44）	-0.084* （-1.95）	-0.023 （-1.11）
ln*O*	0.158*** （10.41）	0.303*** （8.11）	-0.156*** （-4.10）	0.026 （1.21）
ln*T*	-0.046*** （-6.27）	-0.073*** （-4.97）	-0.038** （-2.27）	-0.049*** （-6.27）
Cons	-9.546*** （-46.49）	-10.689*** （-30.69）	-7.943*** （-14.67）	-10.770*** （-43.27）
N	871	312	442	117
R^2_a	0.90	0.90	0.92	0.96
F 值	505.30	187.96	166.84	532.92
AIC 值	-331.46	-127.40	-157.85	-217.62
VIF 值	3.26	3.71	2.31	3.22

注：括号内为 t 统计值，***，**，* 分别表示 1%、5% 和 10% 的显著水平。

资料来源：运用 stata12.0 软件计算得到。

首先，从全国中小城市的角度分析，表 5-5 中第二列列出了全国中小城市面板数据的最小二乘法估计结果，修正的卡方值为 0.90，主要解释变量和所有控制变量均通过了 1% 的高显著度，说明回归的拟合度很好。从全国总体来看，产城融合对经济效应具有积极的正向促进作用。这是因为全国中小城市服务业集聚与新型城镇化之间的融合互动趋势在不断加强，且服务业集聚与新型城镇化的融合效应开始得到发挥。值得一提的是，全国中小城市人力资本和对外开放度具有正向显著作用，而落后的交通和技术则产生了负向显著作用。这表明服务业集聚和新型城镇化的融合发展亟待加强中高端人才的供给和对外经济的沟通与联系，以及经济效率的提高，而交通基础设施的建设和高科技产业的发展仍有待真正融入产城融合互动和协同发展中。

其次，从分地区中小城市的角度分析，表 5-5 中第三、第四和第五列分别列出了东部 24 个、中部 34 个和西部 9 个中小城市面板数据的估计结果，各模型拟合度均较好。东部地区中小城市的产城融合协调对经济效率的作用比全国中小城市高出 10.4%。这表明，东部地区中小城市服务业集聚与新型城镇化的协同发展对经济效率具有积极的拉动作用，这可能与东部地区中小城市的高经济发展水平、优势地理区位和历史条件相关。西部地区中小城市的产城融合对经济效率有正向影响，但只通过了 10% 的显著性检验。一方面可能是由其地理位置、资源禀赋和经济发展水平较弱所导致，另一方面可能是由研究数据样本较少所致。中部地区中小城市不仅未通过显著性检验，反而存在负向影响。这可能是由其地理位置闭塞和对外开放度较低所致。

最后，从全国中小城市和分地区中小城市的角度分析，产城融合对经济效率提升的作用和影响因全国中小城市和分地区中小城市的差异而不同。全国中小城市和东部地区中小城市具有积极的正向促进作用，西部地区中小城市存在微弱的正向影响，中部地区中小城市则不利于经济效率的提高。就全国中小城市和分地区中小城市而言，固定资产投资、就业人数和技术进步均在 1% 与 10% 之间的显著性水平下显著，不同的是，资本条件加强了产城融合协调对经济效率的提高，而劳动力条件则抑制了产城融合协调对经济效率的提高。这表明，过分依赖劳动密集型产业不利于中国经济的增长，目前，资本密集型产业才是中国经济可持续增长的重要来源。技术条件抑制了中小城市产城融合对经济效率的提升，主要是因为高技术产业对中小城市经济发展的支撑和拉动作用尚未体现，仍严重滞后于中小城市的城市化进程。

第四节　本章小结

本章在阐述服务业集聚与新型城镇化融合互动关系的基础上，运用耦合度模型和协调度模型，从全国和分地区两个角度对 2004~2016 年我国 67 个地级及以上中小城市的产城融合情况进行了测度，并进一步分析了全国中小城市和分地区中小城市产城融合对经济效率提升的影响，得出以下有益结论：

第一，地区差异是影响中小城市产城融合协调和失衡状况的重要因素。从全国中小城市来看，我国中小城市的产城融合协调性呈不断上升趋势，但仍低于分地区中小城市的产城融合互动发展水平；从分地区中小城市之间联动发展差异来看，东部地区中小城市落后于西部地区中小城市，西部地区中小城市落后于中部地区中小城市；从分地区内部中小城市独立发展差异来看，部分中小城市的产城协同发展水平较高，走在全国前列，还有一些仍相对滞后。

第二，中小城市的产城融合因区域层面不同而对经济效率的提升作用不同。从全国总体来看，中小城市的产城融合对经济效率具有积极的正向促进作用。东部地区中小城市亦是如此，虽然西部地区中小城市的产城融合对经济效率具有正向影响，但在统计上却不显著，中部地区则存在不显著的负向影响。

第三，不论是全国，还是分地区，资本投入促进了中小城市产城融合对经济效率的提升，过多的劳动力投入和落后的技术则抑制了中小城市产城融合对经济效率的提升。就全国中小城市而言，中高端人力资本和对外开放度加强了产城融合性对经济效率的积极作用，落后的交通基础设施则尚未发挥产城融合对经济效率的促进作用。

本章研究结果对加快和推进全国和各地区中小城市服务业集聚发展、新型城镇化提质发展及产城的有效结合和高效融合具有重要的政策含义。

第一，战略驱动，树立以效率提升为导向的中小城市产城协同发展的意识。一是从观念上树立中小城市服务业集聚与新型城镇化协同发展的战略意识；二是制定中小城市在新型城镇化建设过程中配套的服务业倾斜政策。

第二，因地制宜，突出各中小城市服务业集聚和新型城市发展的侧重点。东部地区中小城市应加快服务业转型和升级，以满足和支撑新型城镇化的提质增速需要；中部地区中小城市要继续发挥资本密集型产业的集聚优势；西部地区中小城市则要有侧重地提升服务业集聚水平，调整服务业集聚结构。

第三，突破路径，增强中小城市产城融合提升经济效率的支撑力。中小城市应加快发展资本密集型产业，引入高科技和新兴产业，积极引进中高端人才，加大对外开放力度，在满足服务业集聚发展、新型城镇化建设和两者协同发展需要的同时，加快供给侧结构性改革和转变经济增长方式，以提升经济效率。

第六章　基于供需角度的就业集聚对中小城市发展的影响研究

经济增长一般用产出、收入或就业增长等经济指标进行测度。就就业增长而言，多数实证研究表明中国就业增长在区域间呈现出不均衡发展趋势，集聚经济效应作为解释地区就业增长差异的重要因素已经基本达成共识。集聚经济效应可分为本地外部性规模效应和人力资本溢出效应，前者又可以分为行业内和行业间的本地外部性规模，分别表示本地化和城市化经济，这两种外部性与本地规模经济有关，本地化（城市化）经济来自同种（所有）产业的集中。与这一规模外部性不同，雅各布斯则强调了产业多样化在就业增长中的作用。人力资本溢出效应体现为创新活动的集中促进了创新外部性提升与就业增长。因此，关于地区就业增长集聚效应的深入探讨显得尤为必要。

目前，关于集聚经济性质及其表现类型的实证研究取得了一定的成果。在规模效应方面，傅十和与洪俊杰从微观视角分析了不同规模的企业在不同规模的城市中的集聚经济类型；魏守华、周山人和千慧雄通过研究发现市场机制下的集聚效应对城市规模偏差有显著影响；Chun-Chung 和 Henderson 观察了劳动生产率与城市规模之间的倒“U”型曲线关系，发现中国大城市的拥挤成本超过了规模效应，Broersma 和 vanDijk 及 Broersma 和 Oosterhaven 也得出了同样的结论。在密度效应方面，张海峰和姚先国运用三种经济密度指标分析了县级区域的经济集聚程度，认为企业劳动生产率显著受益于雅各布斯外部性；苏红键和魏后凯考察了中国密度效应及最优城市人口密度，研究得出密度效应存在显著的倒“U”型特征。在结构效应方面，李金滟和宋德勇考察了专业化和多样化在集聚经济中的作用，发现多样化对集聚经济具有积极作用；席强敏、陈曦和李国平认为生产性服务多样化程度越高的城市，其提升劳动生产率的作用越强。苏红键、魏后凯和邓明构建了包含规模效应、密度效应和结构效应的三维城市集聚经济综合分析框架，分别检验了城市集聚经济的这三种效应，发现，这三种效应均呈现出显著的倒“U”型特征。然而，以上学者在考察规模效应时，忽略了本地效应和邻近效应的区别及两者对本地外部性规模效应的贡献率，也没有考虑到将空间滞后效应纳入到集聚经济的综合分析框架中。另外，Rosenthal 和 Strange 以及 Hanson 认为本地外部性规模效应不仅局限于区域范围内，还随着距离增加而逐渐减弱；Saito 和 Wu 研究发现一个地区的就业增长也受到了邻近地区就业集中的正向影响；Shihe 和 Hong 总结得出中国大城市的人口规模对生产率有负向影响，同时指出集聚经济的其他表现类型，如城市多样化和人力资本溢出，促进了这些城市的生产率提升。集聚经济的各项效应在文献中已得到了广泛的探讨，截至目前，只有少量关于集聚经济效应对就业增长的影响的研究，关于在考虑就业供需和地区基本特征的情况下构筑中小城市就业集聚经济效应的综合分析框架及计量模型的研究尚未出现。因此，开展关于就业集聚与中小城市发展的研究显得尤为必要和紧迫。

第一节 理论分析与模型构建

一、劳动需求、本地效应、邻近效应和滞后效应

（一）劳动需求与劳动生产率

假设劳动需求 L_r 与工资率 w_r、资本租金率 k_r 和劳动生产率 P_r 相关，则有：

$$L_r = L(w_r, k_r, P_r) \quad (6-1)$$

其中，r 表示地区，$r=1, 2, \cdots, n$。

假设劳动生产率 P_r 与本地就业密度 LE_r、邻近地区就业密度 NE_r 和具有本地特征的其他影响劳动生产率提升的因素 XE_r 相关，则有：

$$P_r = P(LE_r, NE_r, XE_r) \quad (6-2)$$

其中，$LE_r = L_r/S_r$，$NE_r = \sum D_{mr}L_m/S_m$，$D_{mr} \geqslant 0$。$L_r$ 和 S_r 分别表示 r 地区的总就业人数和面积，L_m 和 S_m 分别表示 r 邻近地区的总就业人数和面积，D_{mr} 表示两地关联权重。

（二）本地效应和邻近效应

经济活动集聚有助于促进相似企业的沟通与交流，实现供给与需求的平衡，进而提升企业生产率。集聚有利于增加本地外部性规模（本书称为规模效应），不仅受本地就业密度 LE_r 的影响（本书称为本地效应），同时还在一定程度上受邻近地区就业密度 NE_r 的影响（本书称为邻近效应）。同此，可以将就业密度看作是一个衡量地区集聚经济外部性规模效应的指标。邻近地区就业密度 NE_r 主要

用于考察邻近地区就业对本地区就业的影响。由于规模经济随着距离的增加而递减，所以，邻近地区离本地的距离越远，两地之间的相互关系越弱，即地区 m 离地区 r 越远，权重 D_{mr} 越小；相反，地区 m 离地区 r 越近，权重 D_{mr} 越大。

假设所有地区的资本租金率 k_r 是一致的。将式（6-2）代入式（6-1），同时在两边分别取对数并进行微分计算，则有：

$$L_r' = \frac{1}{1-\dfrac{\mathrm{d}L_r}{\mathrm{d}P_r}\dfrac{\mathrm{d}P_r}{\mathrm{d}LE_r}}$$

$$\left[\frac{\mathrm{d}L_r}{\mathrm{d}P_r}\left(\frac{\mathrm{d}P_r}{\mathrm{d}NE_r}\sum_{m\neq r}\frac{D_{mr}L_m}{S_mNE_r}L_m' + \frac{\mathrm{d}P_r}{\mathrm{d}XE_r}XE_r'\right) + \frac{\mathrm{d}L_r}{\mathrm{d}w_r}w_r'\right] \tag{6-3}$$

其中，L_r'，L_m'，XE_r'，w_r' 分别表示本地劳动需求增长率、邻近地区劳动需求增长率、本地其他要素劳动需求增长率和工资增长率，$\frac{\mathrm{d}L_r}{\mathrm{d}P_r}$、$\frac{\mathrm{d}P_r}{\mathrm{d}LE_r}$、$\frac{\mathrm{d}P_r}{\mathrm{d}NE_r}$、$\frac{\mathrm{d}P_r}{\mathrm{d}XE_r}$、$\frac{\mathrm{d}L_r}{\mathrm{d}w_r}$ 分别表示本地边际劳动力需求、本地边际劳动生产率、邻近地区边际劳动生产率、本地其他要素边际生产率和边际劳动工资率。边际劳动生产率的提高能够促进边际劳动产品的增加，进而促进劳动力需求的增加，由此 $\frac{\mathrm{d}L_r}{\mathrm{d}P_r}>0$；但劳动需求增加会导致工资率下降，由此 $\frac{\mathrm{d}L_r}{\mathrm{d}w_r}<0$；如果 $\frac{\mathrm{d}P_r}{\mathrm{d}LE_r}$ 和 $\frac{\mathrm{d}P_r}{\mathrm{d}NE_r}$ 均大于 0，则本地和邻近地区的就业集聚促进劳动生产率的提升，集聚外部性规模效应突出。最后，假设 $\frac{\mathrm{d}P_r}{\mathrm{d}XE_r}>0$，则其他要素边际生产率提升，劳动力需求增加。

（三）滞后效应

在经济学分析中存在因变量受到自身或另一解释变量的前几期值的影响的现象，这一现象被称为滞后效应。在上述分析中，如果 $\frac{\mathrm{d}P_r}{\mathrm{d}NE_r}>0$，则表明邻近地区的就业增长促进了本地的就业增长。考虑到邻近地区劳动生产率提升和就业增长促进本地就业增长的情况，本书在测度本地外部性规模对就业增长的影响时，引入了空间滞后效应，考察了邻近地区就业增长的滞后效应对本地就业增长的影响，则有：

$$L_r{}' \quad \frac{1}{1-\dfrac{\mathrm{d}L_r}{\mathrm{d}P_r}\dfrac{dP_r}{dLE_r}}\left[\frac{\mathrm{d}L_r}{\mathrm{d}P_r}\left(\frac{\mathrm{d}P_r}{\mathrm{d}NE_r}\sum_{m\neq r}W_{mr}L_m{}'+\frac{\mathrm{d}P_r}{\mathrm{d}XE_r}XE_r'\right)+\frac{\mathrm{d}L_r}{\mathrm{d}w_r}w_r'\right]$$

（6–4）

其中，$W_{mr}=\dfrac{D_{mr}L_m}{S_mNE_r}$，且 $0\leqslant W_{mr}\leqslant 1$。引入滞后效应来进行参数估计可在一定程度上减少估计误差，确保模型的稳定性和可靠性。

二、劳动供给、地区基本特征、结构效应和密度效应

（一）劳动供给

假设地区 r 的劳动供给与地区 r 的工资率 w_r 和地区 r 的生活质量 LQ_r 相关，且劳动力可以自由流动，无转移成本。假设 U_E 为地区 r 的均衡效用水平。则有：

$$U（w_{r,}\ LQ_r）=U_E \tag{6–5}$$

对式（6–5）进行微分计算，则有：

$$w_r'=\left(1\Big/\frac{\mathrm{d}U_E}{\mathrm{d}W_r}\right)U_E'-\left(\frac{\mathrm{d}U_E}{\mathrm{d}LQ_r}\Big/\frac{\mathrm{d}U_E}{\mathrm{d}w_r}\right)LQ_r' \tag{6–6}$$

将式（6–6）代入式（6–4），则有：

$$L_r'=\frac{1}{1-\dfrac{\mathrm{d}L_r}{\mathrm{d}P_r}\dfrac{\mathrm{d}P_r}{\mathrm{d}LE_r}}\left[\frac{\mathrm{d}L_r}{\mathrm{d}P_r}\left(\frac{\mathrm{d}P_r}{\mathrm{d}NE_r}\sum_{m\neq r}W_{mr}L_m{}'+\frac{\mathrm{d}P_r}{\mathrm{d}XE_r}XE_r'\right)-\right.$$

$$\left.\left(\frac{\mathrm{d}L_r}{\mathrm{d}w_r}\frac{\mathrm{d}U_E}{\mathrm{d}LQ_r}\Big/\frac{\mathrm{d}U_E}{\mathrm{d}w_r}\right)LQ_r'+\gamma\right] \tag{6–7}$$

其中，$\gamma=\left(\dfrac{\mathrm{d}L_r}{\mathrm{d}w_r}\Big/\dfrac{\mathrm{d}U_E}{\mathrm{d}w_r}\right)U_E'$ 表示常数。假使 $\dfrac{\mathrm{d}L_r}{\mathrm{d}w_r}<0$，$\dfrac{\mathrm{d}U_E}{\mathrm{d}LQ_r}>0$，$\dfrac{\mathrm{d}U_E}{\mathrm{d}w_r}>0$，表明就业增长率随工资率的增加而减少，就业随生活质量和效用水平的提高而增长。

（二）地区基本特征

假设地区 r 的基本特征与生活质量 LQ_r 和其他影响就业增长的因素 XE_r 相关，且生活质量 LQ_r 与本地就业密度 LE_r、就业基础环境 BE_r 和公共服务 PS_r 相关；其他影响就业增长的因素 XE_r 与本地就业密度 LE_r、邻近地区就业密度 NE_r 和公共服务 PS_r 相关，则有：

$$LQ_r' = a_1 \ln LE_r + a_2 \ln BE_r + a_3 PS_r \tag{6-8}$$

$$XE_r' = b_1 \ln LE_r + b_2 \ln NE_r + b_3 PS_r \tag{6-9}$$

其中，公共服务 PS_r 主要是为了考察通过提供公共服务改善基础环境质量和促进就业增长的基本情况，且参数 a_3 和 b_3 的估计值均为正。另外，式（6–8）中，就业基础环境 BE_r 主要是为了分析本地环境绿化、资源和生态保护等地区基本特征对人们生活水平提高和就业增长的影响，参数 a_2 估计值的预期符号为正。

（三）结构效应和密度效应

影响就业增长的指标除本地就业密度和邻近地区就业密度等核心指标外，地区产业结构和人力资本结构状况也是衡量就业增长的重要因素。本书运用多样化产业结构的集中度指数 DIV_r 和在校大学生比例 HK_r 考察了地区雅各布斯城市化经济（结构效应）和人力资本（密度效应）促进就业增长的基本情况，参数 a_4 和 a_5 估计值的预期符号分别为负和正。而参数 b_1、b_2 估计值的预期符号不确定，主要是由集聚经济外部性规模效应的估计结果决定的。同理，a_1 的预期符号由本地效应的大小决定，则有：

$$LQ_r' = a_1 \ln LE_r + a_2 \ln BE_r + a_3 \ln PS_r + a_4 \ln DIV_r + a_5 \ln HK_r \tag{6-10}$$

将式（6–9）和式（6–10）代入式（6–7），则有：

$$L_r' = a_0 + a_1 \ln LE_r + a_2 \ln NE_r + a_3 \sum_{m \neq r} W_{mr} L_m' + a_4 \ln DIV_r + a_5 \ln HK_r + a_6 \ln BE_r + a_7 \ln PS_r \tag{6-11}$$

基于上述分析，提出如下假说：

假说三：中小城市发展通过集聚能力提升来反映，集聚能力提升可由城市就业集聚[①]水平来测度。一个没有就业集聚的城市，在长期内是没有意义的。根据中心地理论和非均衡增长理论，本地效应和邻近效应共同决定了中小城市本地就业外部性规模，即一个中小城市的高就业增长率得益于中小城市本地及其邻近城市的就业增长。同时，中小城市的高质量的人力资本和完善的就业公共服务促进其就业增长。

① 就业集聚，一方面吸引更多在产业链上工作的人口和劳动力，另一方面为配套的餐饮业、零售商业和交通运输业提供发展机会和就业岗位，进一步促进人口集聚。产业和人口集聚拉动城镇发展，促进城镇化效率、城镇化质量和城镇化区域产业竞争力的提升。

第二节 变量选取与数据说明

一、变量选取

根据式（6-11），结合数据的可获取性和可量化性以及中国的实际情况，选取相关指标，如表 6-1 所示。第一组变量：以中小城市就业增长为因变量。中小城市就业增长用就业增长率表示，用市辖区非农业总就业人数的增长率来计算。

第二组变量：以集聚效应为核心解释变量。中小城市就业集聚效应主要包括以下五个方面：一是本地效应。苏红键和魏后凯用城区总人口来衡量集聚规模效应，但这一指标仅仅反映城市的规模总量问题，并没有反映城市的就业规模问题，本书采用本地就业密度对其进行测度。二是邻近效应。魏守华、周山人和千慧雄用市区人口和建成区面积的比值来测度集聚拥挤效应，反映了由于本地集聚过度而造成的拥挤效应问题，但没有考虑到本地拥挤效应的呈现也可能是因为邻近地区集聚规模效应的增加，因此设置邻近地区就业密度这一指标来衡量本地外部性规模。三是滞后效应。多数研究以考察因变量的滞后效应为主，本书则设置邻近城市就业增长率这一指标来衡量邻近城市就业增长率对本地就业增长的滞后效应。四是结构效应。魏守华等、苏红键等和韩峰等认为专业化集聚经济与多样化集聚经济是测度城市集聚效应的两个重要指标，本书仅考虑多样化集聚经济这一指标，用地区二位数行业[①]就业比例的平方和表示，用以分析多样化产业结构对区域就业增长的影响程度。五是密度效应。罗勇、王亚和范祚军验证了异质型人力资本集聚对地区专业化与经济增长的促进作用。本书用普通本专科和中等职业学校在校学生总人数占非农业总就业人数的比例进行测度，用以分析充裕的人力资本对区域就业增长的影响程度。

第三组变量：以中小城市基本特征为控制变量。中小城市基本特征主要分

① 本书对二位数行业的选择主要根据《国民经济行业分类》（GB/T 4754-2011）对工业和服务业的分类界定，工业包括采掘业，制造业，电力、煤气及水的生产供应业和建筑业；服务业包括交通运输、仓储和邮电业，信息传输、计算机服务和软件业，批发零售贸易业，住宿餐饮业，金融业，房地产业，租赁和商业服务业，科研、技术服务和地质勘查业，水利、环境和公共设施管理业，居民服务和其他服务业，教育业，卫生、社会保险和社会福利业，文化、体育和娱乐业及公共管理和社会组织。

为中小城市基础环境和中小城市公共服务两个方面。其中，中小城市基础环境综合指标 BE_r 主要与工业废水、废气及烟尘排放量、城市绿化水平相关，本书用工业固体废物综合利用率（%）、工业废水排放达标率（%）、生活污水处理率（%）、生活垃圾无害化处理率（%）和建成区绿化覆盖率（%）来表示中小城市基础环境综合指标[①]。中小城市公共服务综合指标 PS_r 与医疗、教育、文化和交通等公共服务资源相关，本书用市区万人拥有医生数（人/万人）、万人拥有教师数（人/万人）、万人拥有公共图书馆藏书（册/万人）和万人拥有公共电汽车（辆/万人）来表示中小城市公共服务综合指标[②]。以上各项指标均为正向指标，经过标准化处理后运用主成分分析法得到中小城市基础环境综合指数和中小城市公共服务综合指数。

距离权重矩阵。一般而言，两地距离的倒数即 Harris 提出的市场潜力模型，常常用来测度两地之间的关联程度。本书借鉴这一思想来考察中小城市 r 和城市 m 之间的关系。同时，已有学者根据研究需要将地区之间的实际距离作为观测值，如王庆喜和徐维祥运用地理、经济、产业和技术等多维距离测度了地区之间的关联程度；Partridge 研究了城市集聚与农村贫困之间的实际距离问题，发现城市集聚效应随着距离的增加而衰减，这在一定程度上是由于通勤或移民所带来的不完全竞争的劳动供给的调整；Partridge 的另一项研究表明，城市人口增长效应在 130km 处存在回流效应，换句话说，就业增长的集聚效应可能存在于 130km 以内；席强敏、陈曦和李国平验证了空间溢出效应随距离增加而减小的情况，并进一步明晰了溢出效应的作用范围，100km 以内效应最强，超过 350km 效应则不断减弱。因此，本书设置 100km 为均衡距离，以此来判断区域就业增长的集聚效应。假设中小城市 r 和城市 m 的虚拟半径分别为 d_m 和 d_r[③]，那么中小城市 r 和城市 m 之间的距离为 $d_{mr}=d_m+d_r$。如果 $d_{mr}\leqslant 100$km，则有 $D_{mr}=1/d_{mr}$，否则 $D_{mr}=0$（模型 a）。为进一步加强稳健性检验，本书对距离权重变量的设置采用以下几种模式：如果 $d_{mr}\leqslant 50$km，则有 $D_{mr}=1/d_{mr}$，否则 $D_{mr}=0$（模型 b）；如果 $d_{mr}\leqslant 150$km，则有 $D_{mr}=1/d_{mr}$，否则 $D_{mr}=0$（模型 c）；如果 $d_{mr}\leqslant 100$km，则有 $D_{mr}=1/d_{mr}^2$，否则 $D_{mr}=0$（模型 d）；如果中小城市 r 和城市 m 之间存在公共边界，则有 $D_{mr}=1$，否则 $D_{mr}=0$（模型 e）。

---

① KMO 值为 0.525，Bartlett's 球形度检验近似卡方值为 1155.676，自由度为 6，显著度为 0.000，各指标系数分别为：0.763、0.544、0.573 和 0.559。

② KMO 值为 0.549，Bartlett's 球形度检验近似卡方值为 4129.243，自由度为 6，显著度为 0.000，各指标系数分别为：0.512、0.577、0.656 和 0.614。

③ 本书所指的虚拟半径是指先将各城市市区面积近似看作圆的面积，并根据圆的面积公式 $S=\pi r^2$，计算出圆的半径 $r=（S/\pi）$^（1/2），即各城市市区的半径（$r=d_r$ 或 d_m），相邻城市半径相加，则得到相邻城市之间的距离 d_{mr}。

表 6-1 变量选取与指标解释①

变量		指标	指标解释	单位
因变量	就业增长	就业增长率（L_r'）	（中小城市 r 本年二、三产业从业人员数 / 中小城市 r 上一年二、三产业从业人员数）×100%-1	%
核心解释变量	本地效应	本地就业密度（LE_r）	中小城市 r 二、三产业从业人员数 / 中小城市 r 总面积	人 / 平方米
	邻近效应	邻近地区②就业密度（NE_r）	城市 m 二、三产业从业人员数 / 城市 m 总面积	人 / 平方米
	滞后效应	邻近城市就业增长率（L_m'）	$W_{d/s/c}$×［（城市 m 本年二、三产业从业人员数 / 城市 m 上一年二、三产业从业人员数）×100%-1］	%
	结构效应	多样化产业结构（DIV_r）	中小城市 r 二位数行业就业人员数占总就业人数比例的平方和	—
	密度效应	高质量的人力资本（HK_r）	中小城市 r 每万人在校大学生数	人 / 万人
控制变量	基础环境	基础环境综合指数（BE_r）	中小城市 r "三废"处理及绿化保护等基础环境综合指数	—
	公共服务	公共服务综合指数（PS_r）	中小城市 r 医疗、教育、文化和交通等公共服务综合指数	—

资料来源：根据相关资料整理得到。

二、数据说明

资料来源主要为《中国城市统计年鉴》（2005~2017）中 67 个地级及以上城市 2004~2016 年的相关数据③。拉萨市、中卫市和陇南市由于数据不全暂不考虑，同理，2011 年才转为地级市的铜仁市和毕节市、2011 年被降为县级市的巢湖市、2012 年新增的三沙市、2013 年新增的海东市、2015 年被升级为地级市的儋州市、2014 年新增的日喀则市和昌都市、2015 年被升级为地级市的

① 由于集聚经济多集中于城市市区，故相关指标均与市区（或市辖区）相关，对应的数据尽量选取与市区（或市辖区）相关的数据，个别数据采用全市数据。

② 本书所指的邻近城市是指与研究城市相邻的城市。如：以东营市为本地城市，则其邻近城市包括济南市、青岛市、淄博市、东营市、烟台市、潍坊市、威海市和日照市等。

③ 由于相关指标在 2004 年之后才有相关统计数据，如反映城市基础环境特征的"三废"指标、反映城市公共服务特征的交通指标以及反映集聚结构效应的按《国民经济行业分类》（GB/T 4754-2011）分类的多样化产业指标等。

林芝市、2016 年被升级为地级市的山南市、2015 年新增的吐鲁番市及 2016 年新增的哈密市也暂不考虑。表 6–2 列出了主要变量的统计值。

表 6–2　变量描述性统计特征

变量	均值	标准差	极小值	极大值
就业增长率 L_r'（2004~2016 年）	0.042	0.097	–0.269	0.912
就业增长率 L_r'（2004~2010 年）	0.018	0.067	–0.269	0.548
本地就业密度 LE_r	27.017	52.064	0.544	573.202
邻近地区就业密度 NE_r	19.099	23.336	1.100	223.845
邻近城市就业增长率 L_m'（w_{100}）	0.040	0.068	–0.001	0.549
邻近城市就业增长率 L_m'（w_{50}）	0.000	0.005	–0.002	0.075
邻近城市就业增长率 L_m'（w_{150}）	0.115	0.115	–0.001	0.608
邻近城市就业增长率 L_m'（w_s）	0.205	0.325	–0.755	2.482
邻近城市就业增长率 L_m'（w_c）	0.000	0.000	–0.000	0.008
多样化产业结构 DIV_r	0.004	0.006	0.001	0.798
高质量的人力资本 HK_r	1.100	1.387	–3.726	4.321
基础环境综合指标 BE_r	4.376	0.377	0.749	5.460
公共服务综合指标 PS_r	1.759	0.534	1.148	4.363

资料来源：利用 Stata12.0 软件计算整理得到。

第三节　结果与分析

表 6–3 是根据式（6–7）得出的回归结果，（a）列给出了以 100km 为均衡距离的基础模型的估计结果。在对就业增长模型进行计量估计之前，首先应确定合适的面板数据模型。基于前述分析，结合区域和城市经济学原理，本地就业密度和多样化产业结构对本地外部性规模有影响，对邻近地区就业规模也有一定的影响，而且邻近地区就业规模的增加也必将促进本地就业规模的扩张，促进本地就业增长。因此，本地和邻近地区就业增长之间可能存在联立内生性。另外，囿于数据的可获取性，在进行变量设计时，忽略了制度、政策和自然条件等变量，这可能导致解释变量与随机扰动项之间存在相关性。为降低

内生性及偏误，本书采用工具变量法与广义矩估计（IV-GMM）。工具变量的选取需要满足以下两个条件：一是该变量与内生解释变量高度相关，二是该变量与随机误差项不相关。因此，考虑选取权重矩阵的邻近城市就业增长率作为工作变量。豪斯曼检验结果显示，所有模型均选择固定效用，过度识别检验和弱工具变量检验的结果显示，模型工具选择和估计结果是合理的。在实际回归中，部分数据通过处理或删除，进入各个模型中的样本量并不一样。

一、本地效应和邻近效应影响中小城市就业增长的估计结果分析

由表 6-3 可知，中小城市本地就业密度系数（$\ln LE_r$）显著为正，表明中小城市本地的高就业密度促进了中小城市本地就业的集中，中小城市就业规模的本地效应明显。邻近城市就业密度系数（$\ln NE_r$）呈正向显著，表明邻近城市就业增长对中小城市本地就业增长具有积极的促进作用，中小城市就业规模的邻近效应突出。中小城市本地就业集聚的外部性规模效应由本地效应和邻近效应共同构成，邻近效应也是制约中小城市就业集聚规模的重要因素。这与周圣强和朱卫平及王俊和李佐军的研究结论相似。邻近城市就业增长率系数（Lm'）正向显著，证实了空间滞后效应的存在，即邻近地区的当地外部性规模对中小城市本地就业增长具有积极的正向影响。因此，式（6-3）修正的区域就业增长模型与传统就业增长模型相比，具有普适性。

二、结构效应和密度效应影响中小城市就业增长的估计结果分析

由表 6-3 可知，多样化产业结构（$\ln DIV_r$）作为考察结构效应的代表性指标通过了显著性检验，呈现出负向的结构效应。这表明中小城市产业多样化不利于产业集聚与和专业化发展，这与预期符号相一致，且与席强敏、陈曦和李国平的研究结论一致，同时验证了雅各布斯城市化经济溢出。高技能型劳动力的引入有助于减小地区发展差异，高质量的人力资本（$\ln HK_r$）作为考察密度效应的代表性指标未通过显著性检验，具有负向影响，这表明中小城市高质量的人力资本积累尚未对中小城市就业增长发挥出积极作用，这与现实中更多的高端劳动力趋于向大城市集聚的现象一致，而中小城市发展仍以劳动密集型产业发展为主。

三、城市基本特征影响中小城市就业增长的估计结果分析

就中小城市基础环境（$\ln BE_r$）而言，由表 6-3 可知，系数在统计上高度显著，对中小城市就业增长具有负向作用。这表明中小城市就业的过度集中在一定程度上造成了环境污染、生态破坏、水资源短缺和绿化缩减等“大城市

表 6-3 就业增长模型的参数估计结果

变量	(a)	(b)	(c)	(d)	(e)	(f)
	$W_{100,\ 2004\sim2016}$	$W_{50,\ 2004\sim2016}$	$W_{150,\ 2004\sim2016}$	$W_{s,\ 2004\sim2016}$	$W_{c,\ 2004\sim2016}$	$W_{100,\ 2004\sim2010}$
$\ln LE_r$	0.031*** (3.27)	0.027*** (7.14)	0.030*** (7.39)	0.017*** (4.00)	0.0001*** (4.22)	0.013*** (4.60)
$\ln NE_r$	0.128*** (8.78)	0.025*** (4.20)	0.020*** (3.32)	0.017*** (2.70)	0.0002*** (3.01)	0.019*** (3.58)
$\ln L_m'$	0.152*** (5.13)	0.526*** (3.72)	0.474*** (3.84)	0.403*** (3.95)	0.621*** (3.14)	0.965*** (3.20)
$\ln DIV_r$	−4.897*** (−5.31)	−1.827*** (−6.86)	−2.091*** (−7.07)	−2.529*** (−6.84)	−0.011*** (−5.24)	−0.936*** (−5.46)
$\ln HK_r$	−0.003 (−0.50)	−0.001 (−0.36)	−0.002 (−0.67)	−0.002 (−0.68)	−0.0001 (−0.04)	0.0001 (0.07)
$\ln BE_r$	−0.152*** (−3.81)	−0.041*** (−3.36)	−0.042*** (−3.08)	−0.048*** (−3.20)	−0.0003*** (−2.89)	−0.025*** (−3.05)
$\ln PS_r$	−0.020 (−1.02)	−0.007 (−1.10)	−0.008 (−1.21)	−0.009 (−1.15)	−0.0001 (−0.2)	0.0001 (0.55)
Constant	−0.792*** (−1.63)	−0.004 (−0.24)	0.027 (1.55)	0.097*** (5.15)	−0.0003* (−1.83)	−0.028*** (−2.98)
Dubin-Wu-Hausman 检验	5.881 [0.015]	3.031 [0.082]	2.900 [0.090]	1.710 [0.191]	7.696 [0.006]	6.402 [0.011]
Hansen J 检验	2.368 [0.000]	1.420 [0.001]	1.124 [0.071]	1.309 [0.027]	1.523 [0.007]	1.641 [0.009]
Shea's partial R^2 for $WlnL_m'$	18.028 [0.000]	28.182 [0.000]	30.864 [0.000]	26.620 [0.000]	15.050 [0.000]	18.814 [0.000]
R^2	0.234	0.250	0.213	0.118	0.193	0.211
Adj-R^2	0.229	0.245	0.208	0.112	0.188	0.206
F 统计量	35.91	49.53	45.24	26.87	26.01	29.89
样本数	871	871	871	871	871	469

注：$W\ln L_m$ ' 为空间滞后内生因变量，$\ln DIV_r$、$\ln HK_r$、$\ln LB_r$ 和 $\ln PS_r$ 为空间滞后内生变量；( ) 中一阶段为 t 统计值，二阶段为 z 统计值，[ ] 中数值为各项检验中统计量的伴随概率；*** 表示在 1% 水平上显著，* 表示在 10% 水平上显著。Dubin-Wu-Hausman 检验固定效应或随机效应模型的选取，Hansen J 检验为过度识别检验，Shea's partial R^2 for $WlnL_m$ ' 为弱工具变量检验。模型（a）~（f）均采用固定效应，模型（a）、（b）和（c）中分别以 100km、50km 和 150km 为均衡距离构建空间权重矩阵，模型（d）和（e）分别用平方距离（均衡距离为 100km）和公共边界构建空间权重矩阵；模型（a）~（e）考虑城市就业增长的时间段为 2004~2016 年，模型（f）考虑城市就业增长时间段为 2004~2010 年。

资料来源：利用 Stata12.0 计算整理得到。

病”问题，不利于中小城市就业的健康和可持续增长。就中小城市公共服务（$\ln PS_r$）而言，系数为负，在统计上不显著。这表明中小城市就业的公共服务水平仍较低，滞后于中小城市就业增长的快速发展。以上结论与多数研究结果一致，韩峰、红联英和文映研究得出，反映公共服务的城市交通条件的改善以及反映基础环境的城市生态环境质量的提高对城市化均具有显著的促进作用。

四、进一步稳健性检验

为了考察结果的稳健性，本书构建了不同的距离权重矩阵对式（6-11）进行估计。在表 6-3 中（b）~（e）列给出了不同距离权重模型的估计结果，（f）列给出了不同时间段因变量的估计结果。Dubin-Wu-Hausman 检验估计结果显示，(e) 列通过了 1% 的显著性检验，（f）列通过了 5% 的显著性检验，（b）列和（c）列通过了 10% 的显著性检验，列（d）未通过显著性检验；Hansen J 检验估计结果显示，（b）列、（e）列和（f）列通过了 1% 的显著性检验，（d）列通过了 5% 的显著性检验，（c）列通过了 10% 的显著性检验。可见，（b）~（f）列所有系数的显著性水平在定性和定量上与（a）列的估计基本保持相似。对比（a）列和（b）~（f）列的估计结果表明，不论是在多维的空间权重距离作用下，还是在因变量不同的估计时间段内，各模型的参数估计结果都是稳健的。

第四节　本章小结

我国中小城市就业增长在实质上具有空间接近性和区域差异性，为考察空间集聚变量对中小城市就业增长的影响，本章基于就业需求、就业供给和地区基本特征，结合外部性和新经济增长理论，建立了包含本地效应、邻近效应、滞后效应、结构效应和溢出效应的中小城市就业集聚经济效应的综合分析框架及计量模型，采用面板 IV-GMM 探讨了 2004~2016 年我国 67 个地级及以上城市的多维集聚效应对中小城市就业增长的作用机制。

研究结果表明：本地效应和邻近效应共同决定中小城市本地就业外部性规模，即一个中小城市的高就业增长率得益于中小城市本地及其邻近城市的就业增长。不同模型的稳健性检验结果表明滞后效应对中小城市就业增长的影响高度显著。中小城市多样化产业结构效应和恶化的就业基础环境抑制了中小城市就业集聚的增长，而中小城市高质化人力资本和完善的就业公共服务则促进了中小城市就业增长。本章研究结论具有重要的政策含义：

首先，树立区域平衡和协同发展目标，推进中小城市就业增长政策效应的最大化。中小城市政府部门应采取措施鼓励经济活动和劳动力的空间集聚，顺应就业跨区域集聚的趋势，加快城市间协同发展，从经济层面和制度层面综合关注都市区、经济圈和城市群建设，制定更有效的政策以减少就业成本，提升中小城市内部就业人口、技术和资本水平的提高，进而提高中小城市劳动生产率和促进经济高质量发展。

其次，各中小城市在制定产业和城市发展战略时，应统筹产业集聚的外部性规模效应、结构效应和密度效应。因地制宜地发展现代工业及服务业，调整和完善工业及服务业结构，充分发挥就业集聚的溢出效应；兼顾并充分利用邻近城市与中小城市本地就业集聚的协同效应和规模经济效应；统筹中小城市就业供给和就业需求，推进中小城市的就业集聚与增长，优化中小城市工业及服务业布局和结构，推进中小城市的产城融合和经济发展。

最后，重视中小城市的基本特征，改进和提升中小城市公共服务和就业环境质量。各中小城市在制定经济发展战略时，应充分考虑影响中小城市就业集聚的经济因素、社会因素、资源因素和环境因素，提供高品质的就业环境和高覆盖的公共服务。

第七章　基于城市群角度的中小城市与大城市协同发展研究

在经济全球化和区域经济一体化背景下，城市成为支撑一个区域内资本、信息、技术和资源相互依赖和作用的网络系统的重要节点。城市群作为一种关键的空间组织形式，在解决行政区域分割导致的地区之间经济联系松散、产业内和产业间分工不合理及生态环境综合治理缺乏整体性等问题方面发挥了重要作用，成为经济最发达、市场最活跃、产业集聚程度最高的区域，主导着国家乃至全球经济的发展，也成为区域重点开发及区域协调发展的主要形式。在城市化发展加速进程中，功能完善、城市等级结构优化、协同分工、区域一体化和交通网络化日益成为城市群的重要特征。在城市群发展中，政府和市场的共同作用形成的集聚效应和扩散效应影响着城市群的发展演变，而城市群内部城市的等级规模及其所在区域的协调发展水平直接决定着城市群的发展进程、水平和质量，引领着我国区域发展的新格局。

自法国学者戈德曼（Jean.Gottmann）于 1957 年首次提出城市群概念之后，国外学者对城市群的研究主要围绕城市群等级规模结构体系发展模式、城市群空间结构演化过程与模式展开，我国学者从 1980 年开始对城市群展开相关研究，主要集中于城市群概念、空间结构的定性分析以及与城市群相关的实证分析等方面。目前，就城市群等级规模结构的相关研究而言，国内外已经形成一定的研究成果，但学者们对城市群等级规模结构的研究多为单独对某一个城市群的研究，缺少不同城市群之间的等级规模结构特征的比较分析；在研究方法上，多采用的是城市首位度和分形模型与方法，这是目前国内外均认为比较成熟的研究等级规模结构的方法；在研究城市群内部大城市和中小城市协同发展的问题方面，特别是在识别城市群发展潜力与区域间合作方面，比潜力模型和引力模型更具实际意义。在我国关于分形理论与城市群相结合的研究中，特别是在关于城市群等级规模结构的研究中，多以非农人口数量、地区生产总值和规模以上工业总产值为衡量城市群等级规模的指标，更注重人口和经济方面的指标选取，忽略了资本和信息等因素在城市或区域经济发展中的作用。因此，本书从人流、财流、物流和信息流四个方面选取相应的合理指标，结合分形理论和分形计算模型，以我国 12 大城市群为研究对象，对其内部中小城市与大城市的分布进行比较分析，并由此提出城市群内部城市之间协调发展的一些建议，以期为我国城市群的发展提供一定的指导，特别是为我国城市群内部城市科学、正确的区域规划和城市决策提供指导。因此，城市群内部中小城市与大城市协调发展成为本书的重要研究内容。

第一节　理论分析与模型构建

一、中小城市与大城市协同发展的理论分析

以城市群为主体形态，促进大中小城市和小城镇协同发展，是实现新型城镇化重大发展战略目标的重要推手。综观中外城市群的发展模式，主要有核心城市辐射带动和多中心协同发展两种模式，前者又可以分为单核心模式和双核心模式。在城市群发展过程中，不论是何种发展模式，都应充分利用模式的差异化和优势，指引城市功能定位和产业合理布局。因此，城市群的功能分工和产业结构对中小城市发展是至关重要的。一方面，城市群等级规模结构是城市群功能分工的重要体现。合理的城市群等级规模体系，其系统内不仅要有大城市，也要有中小城市，同时，大中小城市的数量和比例应该是均衡的，且各自承担的功能也有所侧重。城市群是在特定区域由一个或少数几个核心城市（大城市）、若干个中心城市（中型城市）和众多的小城市和小城镇构成的城市群落，能促进功能分工和提升就业增长率。另一方面，城市群是要素流动、功能分工和知识累积驱动的结果。要素集聚带动土地开发，进而拓展城市规模，促进城市增长。人才、信息和资金要素的集聚促进地区专业化和知识的不断积累，进而推动社会消费升级和需求扩大。需求扩大和消费升级驱动产业高级化和产业分工，进一步带动新消费，引发消费升级。城市作为要素集聚、产业发展和知识积累的载体，在人才、信息和资金的集聚时，具有知识创新和传播的优势，人力资本、专业化、分工和消费升级也都促进了知识的积累。

城市群是具有紧密经济社会联系特征的不同城市形态的空间组合，其内部存在大量的人流、物流和资金流等要素，因此，城市群也是各种要素在不同空间形态的组合。在城乡一体化区域，人才、资源和产业的动态流动极大地促

进了大都市的演进发展。从要素流动的角度看待城市群等级规模结构，即从人流、资本流、商品流和信息流的角度分析要素和产业在地区之间的集聚与扩散，有助于更好地了解地区之间的空间联系和经济联系。城市群内部多个城市主体之间存在大量的人流、资金流、信息流和物流，对不同城市之间的要素进行度量，有助于准确把握城市群内部经济联系的紧密程度，揭示城市群协同发展的内在耦合机制和协同管理机制。在城市群不同的发展阶段，产业分工和要素流动发挥着不同的作用，这使城市群等级规模结构分布呈现出显著的阶段性特征。在城市群成长阶段，合理的产业分工有助于推进城市群产业协同发展，提升城市群整体竞争力；在城市群成熟阶段，要素流动的黏融效应在一定程度上促进城市群内部不同城市之间的要素自由流动，实现城市群整体效用最大化。在我国，由于城市发展差距较大，因此区域应因地制宜地实施差异化的城市发展战略，发挥不同类型的城市群（发育型、成长型和成熟型）的比较优势，推进市场整合、要素组合和分工合作，促进城市群等级规模结构优化和城市体系完善。

在实证分析方面，杨勇、杨丹和张明勇（2011）分析得出，城市群内部不同城市的经济联系和社会联系具有分维特征，具体表现为，分维值越大，城市之间的分工越精细，经济联系和社会联系越紧密。王振坡、张馨芳和王丽艳（2018）研究表明中原城市群的城市规模结构分布呈现出小城市规模偏小且数量偏少的特征。其他分形研究结果表明，成渝城市群属于双核首位分布型城市规模分布；京津冀城市群应构建聚散有序的发展格局；长三角城市群应加快边缘城市发展；珠三角城市群应积极缓解城市群内中心城市过度极化的现象；长江中游城市群的交通流网络结构呈现出由东南向西北倾斜的趋势，信息网络结构呈现出均衡发展状态。

基于上述分析，提出如下假说：

假说四：我国城市群内部中小城市与大城市协同发展具有典型的分形特征；人流（市辖区年末总人口数量）、财流（地区生产总值）、物流（全社会固定资产投资总额）和信息流（电信业务收入总量）等要素协同有助于促进城市群内部中小城市与大城市的协调发展。

二、模型构建

（一）中小城市与大城市协同发展的分维计算模型

分形计算模型中研究分维的一个方法是 Hausdorff 维数，设定在一区域范围内，当改变人口尺度 p，城市数目 $N(p)$ 也发生变化，即 p 增大，$N(p)$ 减小，公式如下：

$$N(p) \propto Mp^{-T} \tag{7-1}$$

其中，T 为豪斯道夫（Hausdorff）维数，M 为常数。

齐普夫（Zipf）维数也可以反映城市规模分布的等级差异，公式如下：

$$P(k)=P_1k^{-\delta} \tag{7-2}$$

其中，k 为某城市在城市系统中的位序，$P(k)$ 为第 k 位城市的人口数，P_1 为最大城市人口数量。将式（7–2）与式（7–1）进行比较，式（7–1）中 $N(p)$ 相当于式（7–2）中的 k，p 则相当于 $P(k)$，可推出：$\delta=1/T$，指数 δ 为 Zipf 维数。根据已有研究，总结 T 值和 δ 值的分维数含义，如表 7–1 所示。

本书将 12 大城市群内城市市辖区的年末总人口数量作为城市规模结构指标，采用 Zipf 公式进行计算。将式（7–2）两边取对数，得到：

$$\ln P(k)=A-\delta\ln(k) \tag{7-3}$$

其中，A 和 δ 设定为常数，δ 为分维数。由分形理论可知，δ 值的大小直接反映了城市群等级规模的分布结构。通过式（7–3）能得到点列（$\ln(k)$，$\ln P(k)$），利用 Excel 做散点图并得到线性回归模型和分维值 δ，进而得到分维值 T（$T=1/\delta$）。

表 7–1　T 值和 δ 值的分维数含义

δ 值和 T 值的范围	城市等级规模形态	人口尺度下的城市等级规模形态
$\delta=T=1$	整个城市等级体系达到理想状态，整体城市形态良好，呈现约束型的位序—规模分布	首位城市和最小城市的人口数量之比是整个区域内的城市数目，是自然状态下的最优分布
$\delta<1$，$T>1$	整个城市体系发育不够成熟，城市群等级规模呈现分散分布	城市规模分布比较分散，人口分布差异较大，首位城市的垄断性比较强
$\delta>1$，$T<1$	整个城市体系发育较为成熟，城市群等级规模呈现集中分布	城市规模分布比较集中，人口分布比较均衡
$\delta\to0$ 即 $T\to\infty$	区域内唯一一个城市	区域内只有一个城市，这种情况过于极端，在现实中一般不会存在
$\delta\to\infty$ 即 $T\to0$	城市群内城市等级规模无差异	区域内所有城市一样大，这种情况过于极端，在现实中一般不会存在

资料来源：根据相关资料整理得到。

（二）中小城市与大城市协同发展的齐普夫定律检验

齐普夫定律是 G.K. 齐普夫（George Kingsley Zipf）提出的词频分布定律。齐普夫定律认为，当我们以某种变量为标准，给某个系统中的各项变量进行排序时，系统中第一位比重大约是第二位的两倍，是第三位的三倍，以此类推，是第 k 位的 k 倍。基于此，本书从人流、物流、财流和信息流四个角度分别验证了 12 个城市群是否符合齐普夫定律。

计算步骤为：首先计算齐普夫定律下各位城市的理想值，然后计算实际值，排在第 k 位的城市某个变量占第一位的比重为 ζ，利用 ζ 减去相应的理想值，该值越接近零，表明城市群内的城市越符合齐普夫规律。

第二节 变量选取与数据说明

借鉴相关研究，根据本书的研究需要，用市辖区年末总人口数量来表示城市的人口等级规模，以反映人流的概念；用地区生产总值来表示各城市的经济总量，以反映财流的概念；用全社会固定资产投资总额来表示各城市在固定资产投资规模和投资速度方面的整体实力，以反映物流的概念；用电信业务总量来表示各个城市在信息沟通和信息传递方面的整体规模，以反映信息流的概念。反映人流、财流、物流和信息流概念的指标数据取自《中国城市统计年鉴》（2016 年）。

第三节 结果与分析

一、中小城市与大城市协同发展的分维计算结果分析

根据式（7-3），可以得出各城市群分形计算结果，如表 7-2a. 所示。将市辖区年末总人口数量作为城市规模结构的衡量指标，虽然可以在一定程度上反映出人流的概念，但对于财流、物流和信息流的反映仍需从地区生产总值、全社会固定资产投资总额和电信业务总量等方面来一一对应，得出 12 大城市群财流、物流和信息流的分布情况，如表 7-2b. 表 7-2c. 和表 7-2d. 所示。

表 7-2 我国 12 大城市群人流、财流、物流和信息流回归方程、相关系数及分维值（2015 年）

城市群	回归模型	R^2	δ	T
a. 市辖区年末总人口数量（人流）				
长江三角洲城市群	Ln*P*（*k*）=−0.958Lnk+7.297	0.94	0.958	1.044
珠江三角洲城市群	Ln*P*（*k*）=−1.105Lnk+6.905	0.88	1.105	0.905
京津冀城市群	Ln*P*（*k*）=−1.514Lnk+7.645	0.95	1.514	0.661
辽中南城市群	Ln*P*（*k*）=−0.954Lnk+6.246	0.97	0.954	1.048
山东半岛城市群	Ln*P*（*k*）=−0.692Lnk+6.187	0.86	0.692	1.445
海峡西岸城市群	Ln*P*（*k*）=−0.790Lnk+6.353	0.87	0.790	1.266
北部湾城市群	Ln*P*（*k*）=−0.837Lnk+6.047	0.82	0.837	1.195
中原城市群	Ln*P*（*k*）=−0.596Lnk+6.138	0.80	0.596	1.678
长江中游城市群	Ln*P*（*k*）=−0.704Lnk+6.469	0.91	0.704	1.420
成渝城市群	Ln*P*（*k*）=−1.025Lnk+7.060	0.87	1.025	0.976
哈长城市群	Ln*P*（*k*）=−1.125Lnk+6.527	0.96	1.125	0.889
关中城市群	Ln*P*（*k*）=−1.241Lnk+6.164	0.92	1.241	0.806
b. 地区生产总值（财流）				
长江三角洲城市群	Ln*P*（*k*）= 1.363Lnk+19.774	0.90	1.363	0.734
珠江三角洲城市群	Ln*P*（*k*）=−1.905Lnk+20.026	0.89	1.905	0.525
京津冀城市群	Ln*P*（*k*）=−1.966Lnk+19.628	0.96	1.966	0.509
辽中南城市群	Ln*P*（*k*）=−1.275Lnk+17.969	0.90	1.275	0.784
山东半岛城市群	Ln*P*（*k*）=−0.784Lnk+18.061	0.96	0.784	1.276
海峡西岸城市群	Ln*P*（*k*）=−0.961Lnk+17.798	0.94	0.961	1.041
北部湾城市群	Ln*P*（*k*）=−0.986Lnk+17.220	0.82	0.986	1.014
中原城市群	Ln*P*（*k*）=−0.686Lnk+17.026	0.90	0.686	1.458
长江中游城市群	Ln*P*（*k*）=−1.056Lnk+18.566	0.97	1.056	0.947
成渝城市群	Ln*P*（*k*）=−1.324Lnk+18.288	0.86	1.324	0.755
哈长城市群	Ln*P*（*k*）=−1.560Lnk+18.236	0.91	1.560	0.641
关中城市群	Ln*P*（*k*）=−1.910Lnk+17.679	0.96	1.910	0.524
c. 全社会固定资产投资总额（物流）				
长江三角洲城市群	Ln*P*（*k*）=−1.263Lnk+18.734	0.84	1.263	0.792
珠江三角洲城市群	Ln*P*（*k*）=−1.527Lnk+18.692	0.93	1.727	0.579

续表

城市群	回归模型	R^2	δ	T
京津冀城市群	LnP（k）=-1.709Lnk+18.729	0.95	1.709	0.585
辽中南城市群	LnP（k）=-1.202Lnk+17.354	0.72	1.202	0.832
山东半岛城市群	LnP（k）=-0.548Lnk+17.077	0.91	0.548	1.825
海峡西岸城市群	LnP（k）=-0.837Lnk+16.514	0.96	0.837	1.195
北部湾城市群	LnP（k）=-0.750Lnk+15.959	0.76	0.750	1.333
中原城市群	LnP（k）=-0.733Lnk+16.772	0.89	0.733	1.364
长江中游城市群	LnP（k）=-1.058 Lnk+17.900	0.88	1.058	0.945
成渝城市群	LnP（k）=-1.405Lnk+17.510	0.95	1.405	0.712
哈长城市群	LnP（k）=-1.827Lnk+17.988	0.77	1.827	0.547
关中城市群	LnP（k）=-1.908 Lnk+16.887	0.98	1.908	0.524
d. 电信业务总量（信息流）				
长江三角洲城市群	LnP（k）=-1.024Lnk+15.515	0.94	1.024	0.977
珠江三角洲城市群	LnP（k）=-1.192Lnk+15.539	0.93	1.192	0.839
京津冀城市群	LnP（k）=-1.559Lnk+15.777	0.97	1.514	0.661
辽中南城市群	LnP（k）=-1.127Lnk+13.928	0.94	1.127	0.887
山东半岛城市群	LnP（k）=-1.623Lnk+15.464	0.93	1.623	0.616
海峡西岸城市群	LnP（k）=-0.840Lnk+14.559	0.92	0.840	1.190
北部湾城市群	LnP（k）=-1.217Lnk+14.354	0.93	1.217	0.822
中原城市群	LnP（k）=-0.752Lnk+14.442	0.75	0.752	1.330
长江中游城市群	LnP（k）=-0.874Lnk+14.702	0.80	0.874	1.144
成渝城市群	LnP（k）=-1.283Lnk+14.892	0.87	1.283	0.779
哈长城市群	LnP（k）=-1.214 Lnk+14.142	0.89	1.125	0.889
关中城市群	LnP（k）=-1.993Lnk+14.316	0.80	1.241	0.806

资料来源：根据计算结果整理得到。

从市辖区年末总人口数量（人流）来看，由表 7-2a. 可知，δ 值大于 1 的城市群有京津冀城市群、关中城市群、哈长城市群、珠江三角洲城市群和成渝城市群，这表明 5 大城市群的城市等级规模呈现集中分布，人口分布较为均匀，整体城市体系发育较为成熟，且中间序位城市数量居多。δ 值在 0.9~1 的城市都有长江三角洲城市群和辽中南城市群，这表明两大城市群的城市等级规模呈现分散分布，人口分布不均匀，整体城市体系发育较不成熟，首位城市垄断性较强，且中间序位城市数量较少。总之，山东半岛城市群和中原城市群的 δ 值在 12 大城市群中较低，表明两大城市群人口分布极不均衡，而京津冀城市群是人口分布较为均衡的代表。

从地区生产总值（财流）来看，由表 7-2b. 可知，δ 值大于 1 的城市群有长江三角洲城市群、珠江三角洲城市群、京津冀城市群、辽中南城市群、长江中游城市群、成渝城市群、哈长城市群和关中城市群，这表明 8 大城市群各城市之间的经济发展较为均衡，发展水平差距不大，特别是京津冀城市群，其分维值在 12 大城市群中处于最高水平，其分维值达到 1.966。这可能与京津冀协同发展和地区经济协作密切相关。δ 值在 0.9~1 的城市群有海峡西岸城市群和北部湾城市群，这表明两大城市群各城市之间的发展差距较大，具有非均衡式发展的特征，且首位城市与第二位城市之间的经济发展水平差距较大，特别是山东半岛城市群和中原城市群，其分维值分别为 0.784 和 0.686，与合理的分维值 1 距离较远，说明山东半岛城市群和中原城市群各城市之间的经济发展水平差距极大。

从全社会固定资产投资总额（物流）来看，由表 7-2c. 可知，δ 值大于 1 的城市群有 8 个，具体包括长江三角洲城市群、珠江三角洲城市群、京津冀城市群、辽中南城市群、长江中游城市群、成渝城市群、哈长城市群和关中城市群，这说明 8 大城市群各城市之间在固定资产投资规模、投资速度和投资比例方面呈平衡发展状态，城市之间的差距较小。其中，哈长城市群和关中城市群是在固定资产投资方面最为均衡的 2 个城市群，分维值分别达到 1.827 和 1.908，其次是珠江三角洲城市群和京津冀城市群，分维值分别达到 1.727 和 1.709。分维值小于 1 的城市群有山东半岛城市群、海峡西岸城市群、北部湾城市群和中原城市群，后三个城市群的分维值均在 0.7~0.9，分别是 0.837、0.750 和 0.733，这表明 3 大城市群各个城市之间的固定资产投资的规模、速度和比例存在不均衡的状况，不同城市之间的差距较大，尤其是山东半岛城市群，其分维值仅有 0.548，远远低于合理的分维值 1，呈现出极不均衡的状态。

从电信业务总量（信息流）来看，由表 7-2d. 可知，δ 值大于 1 的城市群包括长江三角洲城市群、珠江三角洲城市群、京津冀城市群、辽中南城市群、山东半岛城市群、北部湾城市群、成渝城市群、哈长城市群和关中城市群，这表明 9 大城市群各个城市之间在信息沟通和信息传递规模方面发展差距较小，呈现均衡的发展态势，特别是山东半岛城市群，在信息沟通和信息传递规模方面具有较强优势，分维值最高达到 1.623，其次是京津冀城市群，为 1.514。而海峡西岸城市群、中原城市群和长江中游城市群的分维值分别为 0.840、0.752

和 0.874，距离均衡值 1 还有一定的差距，这表明 3 个城市群内部各个城市间在信息沟通和信息传递规模方面呈非均衡式发展，城市间发展差距较大，首位城市的信息流规模占据了主导地位。

从表 7–2 中各个方程的相关系数可知，除了辽中南城市群、北部湾城市群、哈长城市群在全社会固定资产投资总额（物流）方面的指标的相关系数为 0.72、0.76 和 0.77，以及中原城市群在电信业务总量（信息流）方面的指标的相关系数为 0.75 以外，其余各个指标的相关系数均在 0.80 以上，这表明人流、财流、物流和信息流的分维值的回归计算模型具有较高的拟合优度，也说明我国 12 大城市群内部城市等级规模结构分布较好地满足了分形模型与理论。因此，本书推算出的人流、财流、物流和信息流的分维值是有信度的。

二、中小城市与大城市协同发展的分维特征比较分析

（一）我国 12 大城市群内部中小城市与大城市协同发展的共有特征分析

第一，我国 12 大城市群内部中小城市与大城市中的 2 城市指数和 4 城市指数均满足位序—规模分布规律。由附录三可知，我国 12 大城市群中的 2 城市指数分别为 2.106、2.196、1.310、1.738、1.023、2.354、1.001、1.544、1.620、3.050、1.258 和 4.366，4 城市指数分别为 0.901、0.910、0.759、0.889、0.445、0.834、0.470、0.561、0.593、1.985、0.727 和 1.875，基本上遵循了 2 城市指数趋近于 2、4，城市指数趋近于 1 的城市位序—规模分布，见图 7–1。从图 7–1 可看出，我国 12 大城市群存在首位城市规模较大的情况，且前 4 位城市群的城市等级

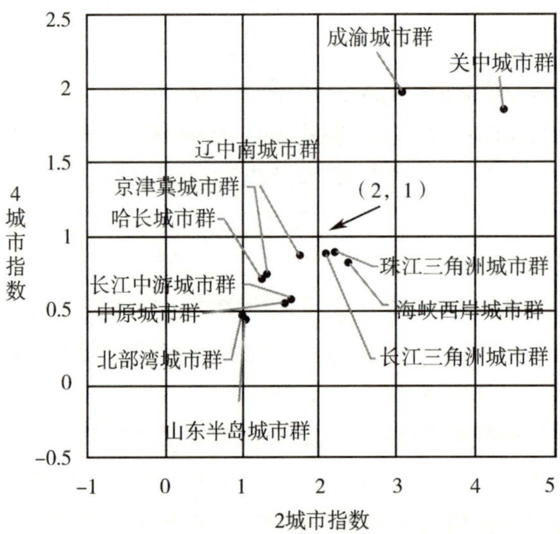

图 7–1 我国 12 大城市群内 2 城市指数和 4 城市指数散点图

规模结构尚未达到理想状态。

第二，我国 12 大城市群内部中小城市与大城市分布具有典型的分形特征。根据前述分析，我国 12 大城市群的市辖区年末总人口数量的分维测算结果分别为 0.958、1.105、1.514、0.954、0.692、0.790、0.837、0.596、0.704、1.025、1.125 和 1.241；地区生产总值的分维测算结果分别为 1.363、1.905、1.966、1.275、0.784、0.961、0.986、0.686、1.056、1.324、1.560 和 1.910；全社会固定资产投资总额的分维测算结果分别为 1.263、1.727、1.709、1.202、0.548、0.837、0.750、0.733、1.058、1.405、1.827 和 1.908；电信业务总量的分维测算结果分别为 1.024、1.192、1.514、1.127、1.623、0.840、1.217、0.752、0.874、1.283、1.125 和 1.241，均满足分维值小于 1 或大于 1 的条件，我国城市群等级规模结构的分维值均接近 1，表明我国城市群内部各个城市之间的规模分布具有典型的分形特征，如图 7–2 所示。

（二）我国 12 大城市群内部中小城市与大城市分布的各自特征分析

第一，我国 12 大城市群的等级规模结构水平不一。综合考虑市辖区年末总人口数量、地区生产总值、全社会固定资产投资总额和电信业务总量 4 个指标的分维值 δ，对 12 大城市群的等级规模结构水平进行排序，如图 7–3 所示。由图可知，京津冀城市群的 4 个指标的分维值分别为 1.514、1.966、1.709 和 1.514，均满足了均衡值 1 的条件，4 个指标的分维值总值为 6.703，位居第一，说明京津冀城市群是我国 12 大城市群中城市之间人口分布和结构水平较为均衡的城市群，其人流、财流、物流和信息流的规模等级结构的分布较为均匀，城市之间发展较为均衡。关中城市群在所有城市群分维值总值中居第二位，其 4 个指标的分维值总值为 6.300，超过了总值排在第三位的珠江三角洲城市群，其 4 个指标的分维值总值为 5.929。这意味着并非经济发展水平高的城市群其城市等级规模结构就是合理的。因此，城市群内部城市的人流、财流、物流和信息流的综合协调和有效互动，能真正地在整体上提升城市群的综合发展水平和竞争实力。

第二，我国 12 大城市群的等级规模结构类型不一。以市辖区年末总人口数量为例，可将其分维值分为［0.5，0.9）、［0.9，1.0］和（1.0，1.6］三类区间，如图 7–4 所示。位于区间（1.0，1.6］内的城市群有京津冀城市群、关中城市群、珠江三角洲城市群、哈长城市群和成渝城市群，这 5 大城市群在规模等级结构上可看作是第一类多城市均衡型的代表；位于区间［0.9，1.0］内的城市群有长江三角洲城市群和辽中南城市群，这 2 大城市群可以看作是第二类首位城市弱主导型的代表；位于区间［0.5，0.9）内的城市群有长江中游城市群、北部湾城市群、海峡西岸城市群、山东半岛城市群和中原城市群可以看作

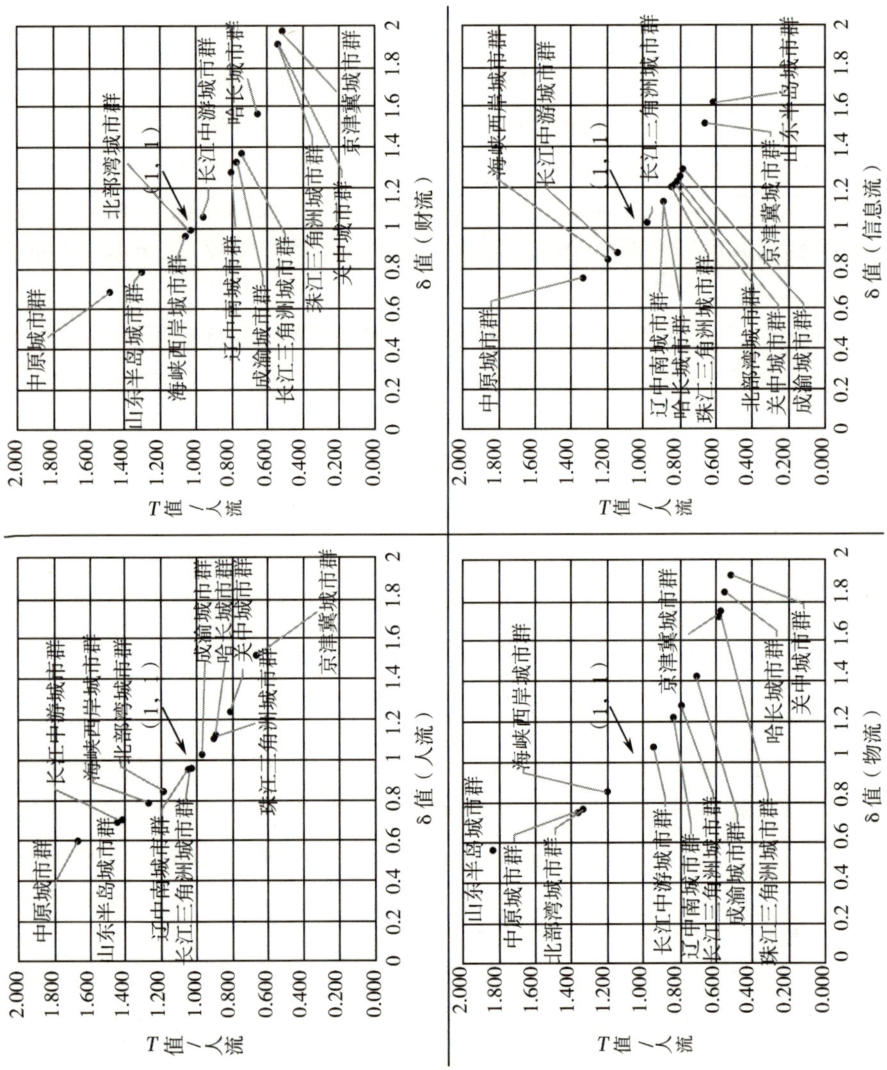

图 7-2 我国 12 大城市群人流、财流、物流和信息流的分维值测算结果散点图

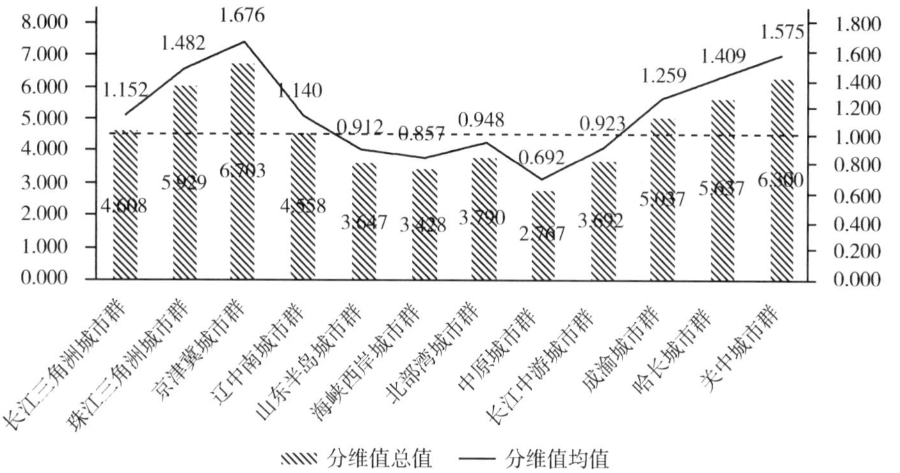

图 7-3 我国 12 大城市群规模等级结构的分维值总值和均值示意图

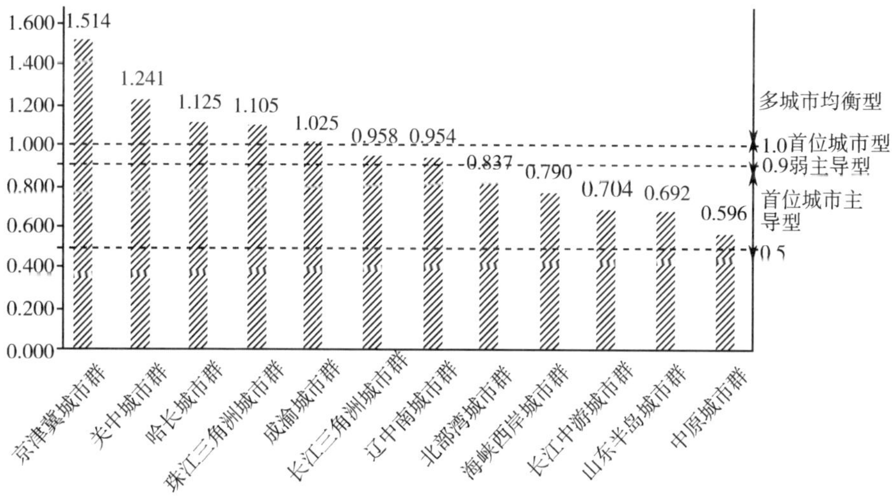

图 7-4 我国 12 大城市群人流规模的分维值总值和均值示意图

是第三类首位城市主导型的代表。同理，对地区生产总值、全社会固定资产投资总额和电信业务总量的分维值进行区间划分，发现其等级规模结构类型更加不一。

第三，我国 12 大城市群的等级规模结构各具特殊性。由图 7-5 可知，山东半岛城市群在人流、财流和物流方面的分维值均小于 1，距离均衡值 1 较远，表明其人流、财流和物流的规模分布均不理想，但其信息流的分维值高达

4.366，位居所有城市群第一，说明其信息流的规模分布最为理想，这表明山东半岛急需加强全社会固定资产投资规模和周转速度，同时也需要加强经济发展实力，加快城市化进程。需要指出的是，中原城市群在所有城市群中位居倒数第一，各项分维值均远低于1，其规模分布最不理想，各方面均需加强。长江中游城市群在财流和物流方面的分维值均超过了1，而人流和信息流的分维值均低于1，这说明长江中游城市群需加强城市之间的信息沟通和传递，推进城市高质量快速发展。

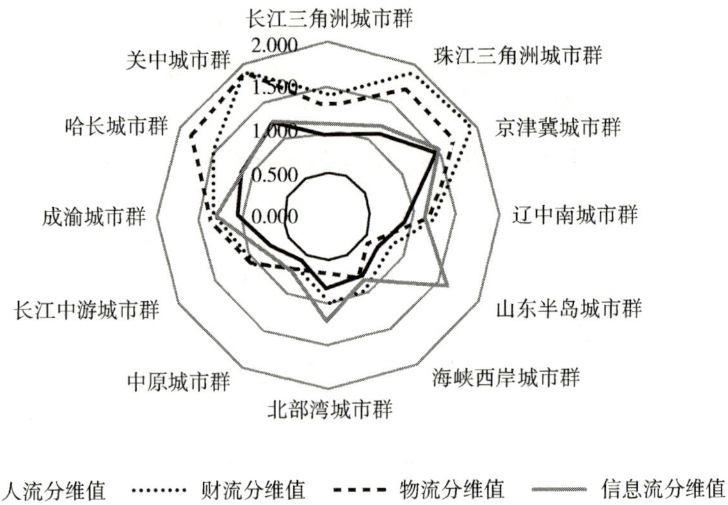

图 7-5　我国 12 大城市群 4 大流量指标的分维值雷达图

三、中小城市与大城市协同发展的齐普夫定律检验

本书从人流、财流、物流和信息流四个角度分别计算了12个城市群内所有城市相应的理想值和实际值，并用实际值和理想值的差代表与齐普夫规律的背离程度，以当前划分城市规模的人流为基准，取四个值的平均值作为城市目前的综合流值，通过对比得出当前城市群内城市体系的发展特点和规律。各个城市群计算后的值用雷达图表示，如图 7-6 所示。

通过图 7-6 可以明显地看出，珠江三角洲城市群、京津冀城市群、辽中南城市群、山东半岛城市群、北部湾城市群和成渝城市群都有城市明显偏离齐普夫法则，表明城市群内部首位度靠前的城市与靠后的城市存在显著差异，城市群内更多的要素流向第二序位的城市，而非均衡地流向其他城市，这会导致中小城市发展不足。而长江三角洲城市群、海峡西岸城市群、中原城市群、长江中游城市群、哈长城市群和关中城市群内的城市整体偏离度较为一致。就中小城市而言，从差异符号来看，长江中游城市群、珠三角城市群、京津冀城市群、辽中南城市群、成渝城市群、哈长城市群和关中城市群的实际值和理想值的差值小于0，也就是说中小城市尚未发展到能够满足齐普夫规律的城市规模。山东半岛城市群、海峡西岸城市群、北部湾城市群、中原城市群和长江中游城市群内中小城市的实际值与理想值的差值大于0，根据齐普夫法则，这些城市群更应加快促进大城市和中小城市的协同发展。

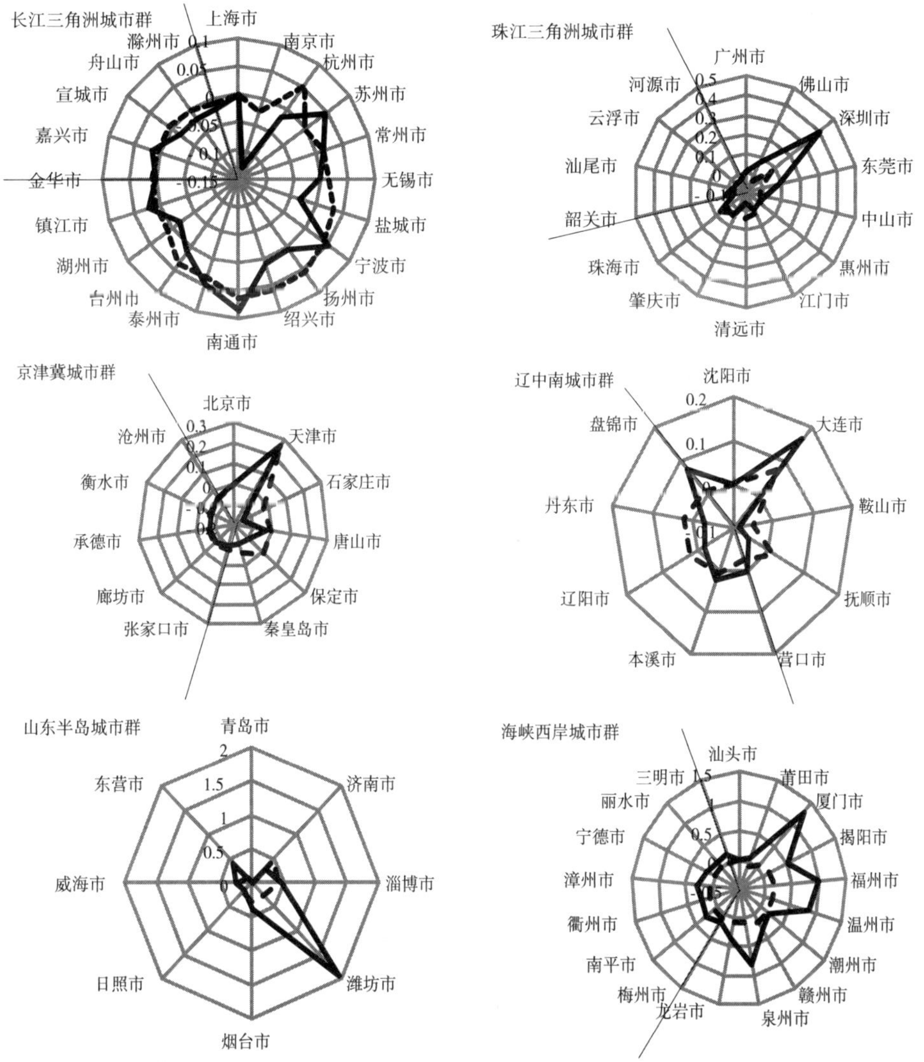

图7-6 我国12大城市群人流和综合流偏离齐普夫规律的量化图

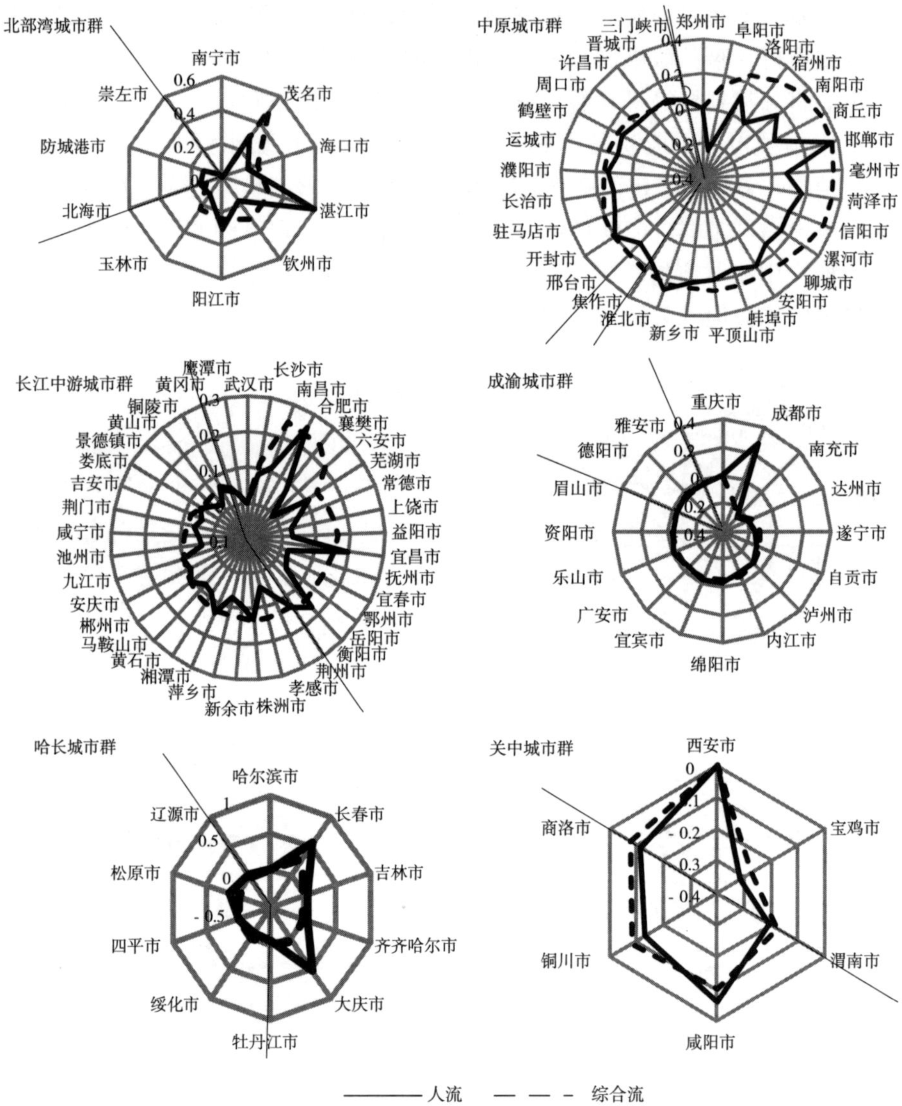

图 7-6　我国 12 大城市群人流和综合流偏离齐普夫规律的量化图（续）

注：其中虚线表示人流，实线表示人流、财流、物流和信息流的综合。

第四节　本章小结

本章旨在明晰我国城市群内部中小城市与大城市协调发展的情况，首先确定了我国 12 大城市群内部中小城市与大城市协调发展的研究范围，进而计算了城市群首位度指数，最后在此基础上，对我国 12 大城市群的等级规模结构的分形特征进行了测算和比较，得出以下结论与启示：

第一，我国城市群的等级规模结构分布具有不平衡的特征。其中，西部城市群的等级规模结构趋于合理，但等级规模结构特征不明显，东部城市群的等级规模结构分布不均匀，这与东部、中部和西部在经济方面呈现的阶梯形发展模式是不一致的。这说明我国的城市群等级规模结构体系发育尚不成熟，因此，在注重经济发展的同时，更应注重城市之间在人流、物流和信息流方面的布局优化和协调互动，加快构建成熟的城市群等级规模结构体系，推进城镇化的纵深发展。

第二，我国城市群在人流、财流和物流方面呈现出西部城市群规模结构较为合理、东部城市群规模结构较为均匀、中部城市群规模分布不均匀的特征。其中，西部地区的成渝城市群和关中城市群及中部地区的哈长城市群的城市规模结构呈集中分布，中间序位城市的数量较多，城市群发育比较成熟。东部地区的长江三角洲城市群、珠江三角洲城市群、京津冀城市群、辽中南城市群、山东半岛城市群和海峡西岸城市群的城市规模分布较为均匀，城市群体系发育较为成熟，首位城市具有弱的主导性和垄断性。特别是西部地区的北部湾城市群和中部地区的中原城市群，无巨大城市和超大城市，中等城市占比较小，城市规模结构呈分散分布，城市体系发育不成熟，城市间经济发展水平和全社会固定资产投资规模均存在较大差距，亟待加快优化城市规模结构水平和城镇化进程。

第三，我国城市群在信息流方面呈现出西部城市群中小城市信息沟通与传递规模的结构分布较为合理的特征。其中，西部地区的成渝城市群、关中城市群和北部湾城市群在信息传递规模和传递速度方面具有均衡的规模结构分布，其首位城市（如重庆、南宁和西安）的经济发展能较好地带动其他城市或地区的发展，加之城市群体系发展较为成熟，所以应因地制宜，汲取优势，加强城市群各个城市之间的分工合作，进一步加快城市化进程和区域一体化进程。

第四，根据发达国家城市群的发展经验，城市群的发展应遵循齐普夫规律，而目前我国城市群内部中小城市与大城市的协同发展并不完全符合这一规律。发展相对成熟的城市群首位度城市和次位度城市在城市群中占据绝对的“领导”地位，在人口和要素流动上具有其他中小城市无法比拟的优势，这直接造成了城市群内中小城市发展不足的局面，影响了城市群的整体发育和城市间的合作分工。因此，我国城市群的发展应在继续发挥首位城市作用的基础上，更加注重中小规模城市的发展，补足中小城市在要素吸取上的“低位”短板，从而构建功能完善、协同良好、分工合理的城市体系。

第八章　推进中小城市新型城镇化的发展路径

中小城市应充分把握国家的政策及城市的主要发展趋势，针对中小城市自身可持续发展及其与大城市的协调发展，提出如下发展路径。

第一节　加强中小城市功能的完备程度，提升中小城市等级

一、强化中小城市经济功能

提升中小城市生产、贸易、金融、信息和物流等经济功能。城市经济功能居于所有城市功能的核心地位，它不仅是城市形成和存在的前提，还是其他所有城市功能的前提。城市经济功能从内容上可分为生产、贸易、金融、信息和物流等功能。根据产业链理论，城市产业是城市经济功能的载体，城市产业链的完善程度和城市产业结构的优化程度对城市经济功能的完善和强化具有决定作用。从推进中小城市人口城镇化的角度出发，只有强化经济功能，才能不断完善和提升中小城市的整体功能，为人口城镇化提供就业支撑和基础，为功能的进一步优化提供财政支撑和基础。同时，促进中小城市产业集聚发展，加快中小城市产业结构优化和产业升级，不仅要推进中小城市工业的快速发展，还要加快中小城市贸易、金融、信息和物流等现代服务业的快速发展，推进中小城市功能由纯粹的生产功能转向集生产、贸易、金融、信息和物流等功能为一体的综合经济功能。

二、完善中小城市社会功能

完善中小城市生活、居住、就业、教育、医疗、交通和文化等社会功能。在一城市居住的人享有生活、居住、就业、教育、医疗、交通和文化等社会方面的服务，即城市社会功能。城市社会功能也是城市的基本功能，它从内容上丰富了城市功能，对城市发展水平和质量具有决定作用。中小城市提升社会功能是有序推进中小城市人口城镇化和公共服务城镇化的基础条件。目前，从中小城市推进城镇化的需求条件来看，中小城市与大城市相比，在就业、教育、医疗、交通和文化等方面，均存在一定的差距。提升中小城市功能和等级，强化各项社会功能，为加快推进人口城镇化和公共服务城镇化提供保障，以满足居住在城市的人口的各项基本社会需求。

第二节　夯实中小城市产业发展基础，提升产城融合质量

一、树立产城融合发展的战略意识

一是从观念上树立服务业集聚与新型城镇化协同发展的战略意识，制定两者协同互动发展的规划，实现两者同步发展和联动发展，以提升经济效率和促进经济可持续发展。二是制定与新型城镇化建设配套的服务业倾斜政策，吸引中高端人才，发挥服务业创造工作岗位和吸纳工作人口的集聚优势，加快已有城镇和新建城镇服务业的集聚，进而满足提升新型城镇化质量的需求。三是加强对中小城市规划实施过程的管理，强化政府在制定和实施中小城市发展规划中的管理职能，各司其职，保障规划在制定和实施过程中的一致性。

二、突出中小城市产业发展的侧重点

实证研究表明各地区新型城镇化建设严重脱离了服务业集聚的发展规律，出现了过快推进的现象。因此，应加快制定中小城市发展的基本原则，将一般性和特殊性结合起来，明确不同层次、不同类型的城市和产业发展的侧重点，引导中小城市差异化发展。首先，中小城市应基于国家政策和城市发展趋势，结合自身的发展背景及其在不同区域层次中的特点，挖掘中小城市自身的比较

优势，明晰自身在城市区域或城市群中的定位和特色功能。如东部地区的中小城市应加快服务业转型升级，以满足和支撑新型城镇化提质增速的需要；中部地区的中小城市要继续发挥资本密集型产业集聚优势；西部地区的中小城市则要有侧重地提升服务业集聚水平，调整服务业集聚结构。其次，各地区要应依据自身区位优势和资源禀赋优势，走专业化道路，优先培育主导产业，推进其专业化、高端化和精品化发展；从自身实际出发，摈弃薄弱点，突出重点，形成区域联动、协同均衡的发展局面。最后，加快发展中小城市资本密集型产业，大力发展高科技和新兴产业。中小城市应积极引入中高端人才，加大对外开放力度，在满足服务业集聚发展、新型城镇化建设和两者协同发展需要的同时，加快供给侧结构性改革，转变经济增长方式，以提升经济效率。

第三节　增强中小城市就业吸纳能力，提升集聚辐射能力

一、提高人口和公共服务城镇化的质量

提高人口城镇化和公共服务城镇化的水平和质量，增强中小城市就业吸纳能力。首先，政府部门应采取措施鼓励经济活动和劳动力的空间集聚，顺应就业跨区域集聚的趋势，加快地区间协同发展，从经济层面和制度层面综合关注都市区和城市群建设；制定更有效的政策以减少就业成本，提升地区内部就业人口、技术和资本水平，进而提高地区劳动生产率，促进经济增长，以缩小地区差距。其次，重视中小城市的基本特征，改进和提升中小城市的公共服务和就业环境质量。各中小城市在制定经济发展战略时，应充分考虑影响城市就业集聚的经济因素、社会因素、资源因素和环境因素，提供高品质的就业环境和高覆盖的公共服务。最后，统筹就业供给和就业需求，推进中小城市就业集聚与增长，优化中小城市工业及服务业布局和结构，加快促进中小城市产城融合和经济发展。

二、加快中小城市的次区域中心建设

首先，促进中小城市的资金、技术和产业基础优势与周边地区工业低成本优势的互补双赢，引导中小城市传统产业向外有序扩散，形成以中小城市为核

心，以周边地区为外围或次区域中心的产业协作圈层。其次，各中小城市在制定产业和城市发展战略时，应统筹产业集聚的外部性规模效应、结构效应和密度效应；因地制宜地发展现代工业及服务业，调整和完善工业及服务业结构，充分发挥就业集聚的溢出效应；兼顾并充分利用周边地区与本地就业集聚的协同效应和规模效应。最后，通过推进中小城市及周边地区的市场一体化、通信和交通基础设施的一体化，加大中小城市服务辐射范围，提升中小城市服务辐射能力，带动周边地区快速发展，促进区域经济一体化发展。

第四节 推进大中小城市网络化建设，提升协同发展水平

一、构建以中小城市为区域中心的城镇化体系

站在区域和全局的角度，构建以中小城市为区域中心的新型城镇化体系。首先，要重视城市群内各类城市的发展，支持中小城市和小城镇，鼓励中小城市和小城镇在区域和全局经济发展中发挥积极作用。其次，加快将城镇化的重点向中小城市倾斜，形成区域中心城市、县域经济、特色小镇和美丽乡村四层结构的新型城镇化有机体系，实现城市中心区、特色产业集聚区、镇域特色经济区和乡村特色农业区四层结构的有机结合。最后，以城市群内部大中小城市的协同发展为抓手，率先实现大城市的功能疏解（如北京非首都功能的疏解），以特殊新区的理念带动周边地区发展（如雄安新区），以大空间区域协同发展破解当前城市发展模式的弊病（如京津冀协同发展），通过城市群大中小城市功能的空间再分布，提升城市和区域的协同发展水平。

二、加密和打通中小城市基础设施网络化建设

加密和打通基础设施网络化建设，构建完善的围绕提高居民生产生活保障能力的基础设施体系。基础设施的完备程度是中小城市吸纳更多人口和就业的基础硬性条件，也是城市生产和服务功能的基本组成部分。由于中小城市存在财政实力不足、规划建设落后和缺乏高效管理等问题，多数中小城市的基础设施相对薄弱，整体承载力不强。因此，应以现代化的综合交通体系和信息服务体系为支撑，构成大中小城市协调发展的城市网络体系，这也是提升城市群质

量的关键途径。第一，加大政策力度和资金支持力度，全面加强中小城市在道路交通、铁道交通、通信网络和水电气暖等方面的基础设施建设。第二，加快提高中小城市的规划、建设和管理水平，提升中小城市对基础设施的利用效率和保障水平。第三，以市场为导向，政府引导民间资金以不同形式和不同渠道进入中小城市基础设施建设领域，鼓励和推动投资多元化。

第九章　结论与展望

第一节　结论

本书旨在从系统和多维角度，深入探析新型城镇化背景下中小城市在发展过程中面临的城市等级提升、产城融合、集聚能力和协同能力等亟待解决的关键问题，通过理论分析和实证研究，本书得出如下结论：

（1）城市等级、产城互动、集聚升级和协调发展“四位一体”是新型城镇背景下中小城市发展的重要内涵。在辨析城镇化、城市化与新型城镇化，城市化质量、城市发展水平与城市发展质量等概念的基础上，首次对中小城市发展做了明确的科学阐释。本书认为，在新型城镇化背景下，中小城市发展是现有中小城市通过等级提升、产城融合、集聚升级和协同发展促进其高经济效率、高就业增长和高协同分工的过程与结果，具体包括坚持“等级提升”的城市发展思路、贯彻“产城融合”的城市发展理念、主张“集聚升级”的城市发展方向和实现“协同发展”的城市发展目标。

（2）中小城市发展呈现出专业化、协调化和网络化的显著特征。专业化表现为由外延型向内涵型转变，由产业专业化向职能专业化转变；协调化表现为由滞后低效型向同步高效型转变，由产城割裂向产城融合转变；网络化表现为由单一型向多元型转变，由核心城市向城市区域转变。中小城市产生的与此对应的能级效应、协同效应和网络效应将在城市和区域经济发展中发挥至关重要的作用。

（3）等级提升、产城融合、集聚能力和协同能力是中小城市亟待解决的关键问题。在分析中小城市人口集聚、产业发展、就业吸纳和公共服务四大发展困境的基础上，结合中小城市发展的理论渊源和认识误区，识别出城市等级提升、产城融合上升、集聚能力提升和协同能力提升等中小城市亟待解决的关键问题。进一步对其关联可知，城市功能专业化在城市和区域发展中具有比较优势；产城融合是城市功能、产业发展、人的效用和经济效率的融合发展；本地外部性规模由本地效应和邻近效应共同决定；城市群内部大中小城市之间的互补是基于分工与专业化。

（4）中小城市等级的高低不仅取决于城市的产业发展程度和经济绩效，还取决于中小城市功能在城市发展中的作用。第一，主成分分析结果表明小城市等级的高低不仅取决于城市的产业专业化和多样化程度以及经济绩效，还取决于中小城市功能在城市发展动力塑造中的作用。第二，中小城市的城市规模与城市等级是不一致的，主要原因在于中小城市通过提供高水平和高质量的城市服务功能，使其在知识密集型产业中实现了高度专业化，进而提升就业增长率。第三，城市等级具有显著的空间异质性。在空间异质性固定情况下，城市等级越高，城市就业增长率越高。

（5）中小城市产城融合对中小城市发展具有促进作用。第一，运用耦合度模型和协调度模型计算得出，地区差异是影响中小城市产城融合协调和失衡状况的重要因素。全国中小城市间及中小城市独立发展的差异导致东部地区的中小城市融合协调程度略低于西部，西部略低于中部。第二，进一步实证研究得出，全国、东部和西部地区中小城市产城融合对经济效率提升具有显著的积极作用；固定资产投资、人力资本和对外开放度对中小城市产城融合提升经济效率具有显著的积极作用；而普通劳动力、落后的交通和技术则起着显著的抑制作用。

（6）中小城市就业集聚对中小城市发展具有积极影响。研究得出，第一，本地效应和邻近效应共同决定了中小城市本地就业外部性规模，即一个中小城市的高就业增长率不仅得益于中小城市本地的就业增长，还得益于其邻近城市的就业增长。第二，不同模型的稳健性检验表明滞后效应对中小城市就业增长的影响高度显著，即邻近地区的当地规模外部性促进了中小城市本地的就业增长。第三，中小城市的多样化产业结构效应和恶化的就业基础环境抑制了中小城市的就业增长，而中小城市的高质量人力资本和完善的就业公共服务则促进了中小城市的就业增长。

（7）我国城市群内部中小城市与大城市协同发展具有典型的分形特征。研究得出，第一，分形计算结果表明，我国城市群内部中小城市与大城市的分布具有不平衡的分形特征；在人流、财流和物流方面呈现出西部地区的城市群规模结构较为合理、东部地区分布较为均匀、中部地区分布不均匀的特征；在信息流方面呈现出西部地区的城市群规模结构分布较为合理的特征。第二，齐普夫定律检验结果表明，发展相对成熟的城市群首位度城市和次位度城市在城市群中占据绝对的“领导”地位，中小城市在要素吸取上存在“低位”短板。

第二节 不足与展望

本书很难涵盖中小城市发展研究的各个方面，在根据理论分析和实证分析获取以上有益结论的同时，仍存在以下不足之处：

第一，全文主题较为鲜明，但是由于与中小城市发展的关键问题相关的国内外研究较为缺乏，使得关键问题之间的逻辑或关联存在割裂之感，但是从全文的总体分析思路、理论和实证分析相结合的脉络来看，仍具有系统性和整体性。

第二，在确定中小城市研究范围时，考虑到实证数据的完整性和可获取性，仅以 12 个城市群中 67 个地级及以上中小城市为研究对象。对全部地级及以上城市和县级城市的数据进行分析，可确保研究内容更全面、研究结论更可靠。同时，本书的研究仅限于中小城市的经济发展层面，对中小城市在社会、文化和生态发展方面的深入研究有待继续。

在此阶段性的研究基础之上，对中小城市发展的空间和方向进行继续探索：一是中小城市资本积累问题及城市群空间结构问题。二是由于新型城镇化是一个系统结构，涉及的内容和问题较多，虽然实现区域和城乡一体化是推进新型城镇化的重要内容，但在本书探讨过程中仍涉及较少，这也是需要继续融入和探究的问题，特别是关于同城化在推动市县域城乡基础设施和公共服务一体化和新型城镇化实践中的发展路径研究。三是目前我国中小城市发展缺少较为全面的、系统的政策指引。随着我国“创新、协调、绿色、开放、共享”五大发展理念的提出，针对中小城市发展规划和规则的创新可视为新的研究方向。通过归纳总结国外在城市发展规划、相关法律法规、投融资体制以及经济调控和政府引领等方面的政策和措施，为中小城市的健康稳定发展提供指引。四是城市群协同发展和区域经济一体化的实现需要交通、产业和生态的联合互动，其中，交通需先行已基本达成共识。如何将交通基础设施网络融入到中小城市发展研究中来，这也是非常值得探讨的问题。五是今后考虑通过实地调研和典型案例分析，丰富和完善对策建议部分。

附录一

中国12大城市群及其核心城市和中小城市（地级及以上城市）汇总表

序号	城市群（12个）	研究范围	首位城市	中小城市（67个）
1	长江三角洲城市群	上海市、南京市、无锡市、常州市、苏州市、南通市、盐城市、扬州市、镇江市、泰州市、杭州市、宁波市、嘉兴市、湖州市、绍兴市、金华市、舟山市、台州市、滁州市、宣城市	上海	滁州市、舟山市、宣城市、嘉兴市、金华市
2	珠江三角洲城市群	广州市、韶关市、深圳市、珠海市、佛山市、江门市、肇庆市、惠州市、汕尾市、河源市、清远市、东莞市、中山市、云浮市	广州	河源市、云浮市、汕尾市、韶关市
3	京津冀城市群	北京市、天津市、石家庄市、唐山市、秦皇岛市、保定市、张家口市、承德市、沧州市、廊坊市、衡水市	北京	沧州市、衡水市、承德市、廊坊市
4	辽中南城市群	沈阳市、大连市、鞍山市、抚顺市、本溪市、丹东市、营口市、辽阳市、盘锦市	大连	丹东市、辽阳市、本溪市、营口市
5	山东半岛城市群	济南市、青岛市、淄博市、东营市、烟台市、潍坊市、威海市、日照市	青岛	—
6	海峡西岸城市群	福州市、厦门市、莆田市、三明市、泉州市、漳州市、南平市、龙岩市、宁德市、汕头市、梅州市、潮州市、揭阳市、赣州市、温州市、衢州市、丽水市	厦门	三明市、丽水市、宁德市、漳州市、衢州市、南平市、梅州市
7	北部湾城市群	南宁市、北海市、防城港市、钦州市、玉林市、崇左市、湛江市、茂名市、阳江市、海口市	南宁	崇左市、防城港市、北海市

续表

序号	城市群（12个）	研究范围	首位城市	中小城市（67个）
8	中原城市群	郑州市、开封市、洛阳市、平顶山市、安阳市、鹤壁市、新乡市、焦作市、濮阳市、许昌市、漯河市、三门峡市、南阳市、商丘市、信阳市、周口市、驻马店市、长治市、晋城市、运城市、聊城市、菏泽市、蚌埠市、淮北市、阜阳市、宿州市、亳州市、邯郸市、邢台市	郑州	三门峡市、晋城市、周口市、鹤壁市、运城市、濮阳市、长治市、驻马店市、邢台市、焦作市
9	长江中游城市群	武汉市、黄石市、黄冈市、鄂州市、孝感市、咸宁市、仙桃市、天门市、潜江市、襄阳市、宜昌市、荆州市、荆门市、长沙市、岳阳市、益阳市、常德市、株洲市、湘潭市、娄底市、郴州市、衡阳市、南昌市、九江市、景德镇市、上饶市、鹰潭市、新余市、宜春市、萍乡市、抚州市、吉安市、合肥市、六安市、芜湖市、安庆市、马鞍山市、池州市、铜陵市、黄山市	武汉	鹰潭市、黄冈市、铜陵市、黄山市、景德镇市、娄底市、吉安市、荆门市、咸宁市、池州市、九江市、安庆市、郴州市、马鞍山市、黄石市、湘潭市、萍乡市、新余市、孝感市
10	成渝城市群	成都市、重庆市、自贡市、泸州市、德阳市、绵阳市、遂宁市、内江市、乐山市、南充市、眉山市、宜宾市、广安市、达州市（除万源市）、雅安市（除天全县、宝兴县）、资阳市	重庆	雅安市、德阳市
11	哈长城市群	哈尔滨市、大庆市、齐齐哈尔市、绥化市、牡丹江市、长春市、吉林市、四平市、辽源市、松原市	哈尔滨	辽源市、松原市、四平市、绥化市、牡丹江市
12	关中城市群	西安市、铜川市、咸阳市、宝鸡市、渭南市、商洛市	西安	商洛市、铜川市、咸阳市、渭南市

注：截至2018年2月底，国务院先后批复了7个国家级城市群，按批复的先后顺序依次为：长江中游城市群、哈长城市群、成渝城市群、长江三角洲城市群、中原城市群、北部湾城市群和关中城市群，共涉及67个中小城市。中部城市群共3个，包括哈长城市群、中原城市群和长江中游城市群，共包括中小城市34个；西部城市群共3个，包括关中城市群、成渝城市群和北部湾城市群，共包括中小城市9个；其余均为东部城市群，共包括中小城市24个。

附录二

近五年中共中央政府及地方政府关于中小城市发展的政策制定或政府报告汇总表（ 仅列举部分代表性文件 ）

年份	名称	主要内容	户籍	规划	管理	居住	产业	就业	教育	医疗	社会保障	基础设施	资源能源	历史文化	生态环境
2018	十三届全国人大一次会议政府工作报告	实施重点城市群规划，促进大中小城市和小城镇协调发展	■			■	■	■	■	■	■	■	■		■
2018	2017 年中心城市发展年度报告	促进交通、产业、空间协同发展；重视提高发展质量，重点提升全要素生产率；增强产业和空间组织效率，在不同经济条件、不同的交通网和互联网条件下，抓住人口流动、产业变迁等关键力量，重塑城镇空间；合理安排产业、交通、公共设施布局和功能融合，促进产业从绝对优势、比较优势向可持续竞争优势发展，做到让生产空间集约高效、生活空间宜居适度、生态空间山清水秀					■					■			■

续表

年份	名称	主要内容	户籍	规划	管理	居住	产业	就业	教育	医疗	社会保障	基础设施	资源能源	历史文化	生态环境
2017	中国共产党第十九次全国代表大会报告	以城市群为主体构建大中小城市和小城镇协调发展的城镇格局，加快农业转移人口市民化；坚持新发展理念，推动新型工业化、信息化、城镇化和农业现代化同步发展					■		■		■			■	■
2017	服务业创新发展大纲（2017–2025 年）	增强中小城市和小城镇服务功能；充分发挥中小城市和小城镇集聚产业、服务周边、带动农村的重要作用；促进中小城市与区域中心城市产业对接，利用中心城市服务资源改造提升传统产业，打造区域物流枢纽和制造业配套协作服务中心，主动承接中心城市旅游、休闲、健康、养老等服务需求					■					■			
2016	中小城市绿皮书：中国中小城市发展报告（2016）	指出了中小城市双创发展的主要问题，提出了中小城市双创发展的具体路径，总结了中国东部、中部、西部、东北部地区十余个中小城市以及部分知名企业推进双创的具体实践，对全国双创发展具有较强的示范和借鉴价值					■	■	■			■		■	
2016	国务院关于深入推进新型城镇化建设的若干意见（国发〔2016〕8 号）	培育发展一批中小城市；完善设市标准和市辖区设置标准，规范审核审批程序，加快启动相关工作，将具备条件的县和特大镇有序设置为市；适当放宽中西部地区中小城市设置标准，加强产业和公共资源布局引导，适度增加中西部地区中小城市数量；加快城市群建设；编制实施一批城市群发展规划，推进城市群基础设施一体化建设和信息网络建设	■	■		■	■		■	■	■	■	■		

续表

年份	名称	主要内容	户籍	规划	管理	居住	产业	就业	教育	医疗	社会保障	基础设施	资源能源	历史文化	生态环境
2016	中华人民共和国国民经济和社会发展第十三个五年规划纲要	加快发展中小城市和特色镇以提升质量、增加数量为方向，加快发展中小城市；引导产业项目在中小城市和县城布局，完善市政基础设施和公共服务设施，推动优质教育、医疗等公共服务资源向中小城市和小城镇配置；加快拓展特大镇功能，赋予镇区人口 10 万以上的特大镇部分县级管理权限，完善设市设区标准，符合条件的县和特大镇可有序改市	■		■		■		■	■	■	■			
2016	吉林省“十三五”规划纲要	推进完善中小城市基础设施；提高中小城市和重点城镇吸纳人口能力；推动经济实力强、发展条件好、人口规模大的县城和小城镇发展为中小城市	■				■					■			
2016	贵州省“十三五”规划纲要	推动经济强县率先发展，优化产业发展结构，将有条件的经济强县培育成区域次中心城市，支持有条件的县城发展成为中小城市	■				■							■	
2016	山东省“十三五”规划纲要	强化大中小城市产业协作，形成横向错位发展、纵向分工协作的发展格局；全面开放落户限制，扩大经济社会管理权限，建成一批经济充满活力、生活品质优良、生态环境优美、文化魅力彰显的现代中小城市；加快一批符合条件的县城和特大镇整合提升，培育完善、特色鲜明的新生中小城市	■		■		■							■	■

续表

年份	名称	主要内容	户籍	规划	管理	居住	产业	就业	教育	医疗	社会保障	基础设施	资源能源	历史文化	生态环境
2016	浙江省“十三五”规划纲要	深化国家新型城镇化综合试点、国家中小城市综合改革试点和我省 50 个左右中小城市培育试点及 200 个左右中心镇的改革发展	■	■			■								
2014	关于开展中小城市综合改革试点的意见（发改经体〔2014〕2503 号）	着力培养和发展一批城市功能完善、发展特色鲜明、空间布局合理、治理体系健全、产业和人口吸纳能力强、以城带乡和就地就近市民化成效显著的宜居宜业中小城市	■		■		■	■							
2014	国家新型城镇化规划（2014–2020 年）	增强中心城市辐射带动作用，加快发展中小城市，有重点地发展小城镇					■	■	■	■	■	■			

资料来源：根据相关文献资料和政府报告整理得到。

附录三

我国 12 大城市群内 S2、S4 和 S11 指数计算结果（2015 年）

城市群名称	S2	S4	S11
长江三角洲城市群	2.106	0.901	0.858
珠江三角洲城市群	2.196	0.910	0.918
京津冀城市群	1.310	0.759	—
辽中南城市群	1.738	0.889	—
山东半岛城市群	1.023	0.445	—
海峡西岸城市群	2.354	0.834	0.661
北部湾城市群	1.001	0.470	0.504
中原城市群	1.544	0.561	0.389
长江中游城市群	1.620	0.593	0.522
成渝城市群	3.050	1.985	2.078
哈长城市群	1.258	0.727	—
关中城市群	4.366	1.875	—

注：美国学者杰斐逊（M.Jefferson）在 1939 年提出“首位城市”概念，指出各个国家的首位城市与其他城市相比普遍具有压倒优势的人口数量，即首位分布规律。杰弗逊提出了“2 城市指数”，即首位城市与第二位城市的人口规模之比。一般认为城市首位指数应该包括 2 城市指数 S2、4 城市指数 S4 和 11 城市指数 S11，各城市指数计算公式为：S2=P1/P2；S4=P1（/ P2+P3+P4）；S11=2P1（/ P2+P3+…+P11）。本书用市辖区年末总人口数对全国 12 城市群首位度进行计算，对于城市群内城市数量少于 11 个的城市群，本书只计算 S1 和 S4，如附录三所示；对于城市群内城市数量少于 11 个的城市群，本书只计算 S1 和 S4。依据城市位序—规模分布理论，在正常情况下，城市首位度应为 2，4 城市指数应为 1。由附录三可知，我国 12 大城市群的首位度均大于 1，京津冀城市群、哈长城市群、山东半岛城市群和北部湾城市群的首位度分别为 1.310、1.258、1.023 和 1.001，距离合理的分布值 2 有较大的差距。长江三角洲城市群和珠江三角洲城市群的首位度分别为 2.106 和 2.196 在 2 左右，表明两大城市群的位序—规模分布是较为合理的。在 4 城市指数中，长江三角洲城市群和珠江三角洲城市群的城市指数值分别为 0.901 和 0.910，接近 1，是我国 12 大城市群中指数最高的，这说明两大城市群的首位城市与第二、第三和第四位城市之间的差距较小。山东半岛城市群的指数是最低的，为 0.445。总体而言，山东半岛城市群的城市规模是我国 12 大城市群中最不理想的，珠江三角洲城市群是最为理想的。

资料来源：根据计算结果整理得到。

参考文献

[1] Ahrend R, Farchy E, Kaplanis I, et al. What makes cities more productive? agglomeration economies and the role of urban governance: Evidence from 5 OECD countries[D]. Serc Discussion Papers, 2015.

[2] Ahrend R, Schumann A. Does regional economic growth depend on proximity to urban centres?[D]. France: OECD Publishing, 2014.

[3] Aljoufiea M, Brusselb M, Zuidgeestb M, et al. Urban growth and transport infrastructure interaction in jeddah between 1980 and 2007 [J]. International Journal of Applied Earth Observation and Geoinformation, 2013, (21): 493-505.

[4] Alonso W. The economics of urban size [J]. Papers of the Regional Science Association,1971, 26: 67-83.

[5] Alonso W. Urban zero population growth [J]. Daedalus, 1973, 102 (4): 191-206.

[6] Bade F J, Laaser C F, Soltwedel R. Urban specialization in the internet age: Empirical eindings for germany [R]. Kiel Working Papers, 2004.

[7] Batty M. Urban information networks: The evolution and planning of computer communications infrastructure in: Cities of the 21st century new technologies and spatial system [M]. Colorado: Open Grey Repository, 1991.

[8] Beaverstock J V, Smith R G, Taylor P J, et al. Globalization and world cities: Some measurement methodologies [J]. Applied Geography, 2000, 20 (1): 43-63.

[9] Becker G S, Murphy K M. The division of labor, coordination costs, and knowledge [J]. The Quarterly Journal of Economics, 1992, 107 (4): 1137–1160.

[10] Behrens K. International integration and regional inequalities: How Important is national infrastructure? [J].The Manchester School, 2011, 79(5): 952-971.

[11] Beyers W B. Producer services [J]. Progress in Human Geography, 1992, 16(4): 573-583.

[12] Broersma L, Oosterhaven J. Regional labor productivity in the netherlands: evidence of Agglomeration and Congestion Effects [J]. Journal of Regional Science, 2009, 49(3): 483-511.

[13] Broersma L, van Dijk J. The Effect of Congestion and Agglomeration on multifactor productivity growth in dutch regions [J]. Journal of Economic Geography, 2008, 8(2): 181-209.

[14] Brunelle C. The growing economic specialization of cities: Disentangling Industrial and functional dimensions in the canadian urban system, 1971–2006 [J]. Growth and Change, 2013, 44(3): 443-473.

[15] Burger M J, Meijers E J. Agglomerations and the rise of urban network externalities [J]. Papers in Regional Science, 2016, 95(1): 5-15.

[16] Burger M J, Knaap B V D, Wall R S. Polycentricity and the multiplexity of urban networks [J]. European Planning Studies, 2014, 22(4): 816-840.

[17] Burger M J, Merjers E J, Hooperbrugge M M, et al. Borrowed size, agglomeration shadows and cultural amenities in North-West [J]. European Planning Studies, 2015, 23(6): 1090-1109.

[18] Burger M J, van Oort F G, Frenken K, van der Knaap B. Networks and economic agglomerations: Introduction to the special issue [J]. Tijdschrift voor Economische en Sociale Geografie, 2009 (100): 139-144.

[19] Camagni R, Capello R, Caragliu A. Static VS. Dynamic agglomeration economies. Spatial context and structural evolution behind urban growth [J]. Papers in Regional Science, 2016, 95(1): 133-158.

[20] Camagni R, Diappi L, Leonardi G. Urban growth and decline in a hierarchical system A supply-oriented dynamic approach [J]. Regional Science and Urban Economics, 1986, 16 (1): 145-160.

[21] Camagni R. From city hierarchy to city network: Reflections about an emerging paradigm [M]. Springer Verlag, Heidelberg, 1993.

[22] Camagni R. From city hierarchy to city network: Reflections about an emerging paradigm [J]. Seminal studies in Regional and Urban Economics, 2017: 183-202.

[23] Capello R. The city network paradigm: Measuring urban network externalities [J]. Urban Studies, 2000, 37 (11): 1925-1945.

[24] Capello R. Urban return to scale and environmental resources: An estimate of environmental externalities in an urban production function [J]. International

Journal of Environment and Pollution, 1998, 10(1): 28-46.

[25] Cardoso R V, Meijers E J. Contrasts between first-tier and second-tier cities in Europe: A functional perspective [J]. European Planning Studies, 2016,24(5): 996-1015.

[26] Castells M. The rise of the network society [M]. New Jersey: Wiley-Blackwell Publishers, 1996.

[27] Chamley C, Gale D. Information revelation and strategic delay in a model of investment [J]. Econometrica, 1994, 62(5): 1065-1085.

[28] Chun-Chung A, Henderson J V. Are Chinese cities too small? [J]. Review of Economic Studies, 2006 (73): 549-576.

[29] Coffey W J, Bailly A S. Producer services and flexible production: An Exploratory Analysis [J]. Growth and Change, 1991 (1): 145-156.

[30] Cohen J P, Paul C M. Agglomeration and cost economies for Washington State Hospital Services [J]. Regional Science and Urban Economics, 2008, 38(6): 553-564.

[31] De Groot H L F, Poot J, Smit M J. Agglomeration externalities, innovation and regional growth: Theoretical perspectives and meta-analysis[D]. The Netherlands: Vrije Universiteit Amsterdam and Tinbergen Institute, 2008.

[32] Dijkstra L, Garcilazo E, McCann P. The economic performance of european cities and city regions: Myths and realities [J]. European Planning Studies, 2013, 21(3): 334-354.

[33] Dumais G, Ellison G, Glaeser E L. Geographic concentration as a dynamic process [J]. Review of Economics and Statistics, 2006, 84(2): 193-204.

[34] Duranton G, Puga D. Micro-foundations of urban agglomeration economies [J]. Social Science Electronic Publishing, 2004, 4(4): 2063-2117.

[35] Erickcek G A, Mckinney H. Small cities blues: Looking for growth factors in small and medium-sized cities [J]. Economy Development Quarterly, 2006, 20 (3): 232-258.

[36] Erickcek G A. McKinney. “small cities blues” : Looking for growth factors in small and medium-sized cities [J]. Economic Development Quarterly, 2006, 20 (3): 232-258.

[37] Friedman J R. Regional development policy: A case study of Venezuela [M]. Cambridge: MIT Press, 1966.

[38] Friedmann J. The world city hypothesis [J]. Development and Change,

1986, 17 (1): 69-83.

[39] Garcia-López M, Muñiz I. Urban spatial structure, agglomeration economies, and economic growth in barcelona: An intra-metropolitian perspective [J]. Papers in Regional Science, 2013, 92 (3): 515-534.

[40] Glaeser E L, Kallal H D, Scheinkman J A, Shleifer A. Growth in cities [J]. The Journal of Political Economy, 1992, 100 (6): 1126-1152.

[41] Glaeser E L, Ponzetto G A M, Zou Y. Urban networks: Connecting markets, people, and ideas [J]. Papers in Regional Science, 2016, 95 (1): 17-59.

[42] Goetz A R. Air passenger transportation and growth in the US urban system 1950–1987 [J]. Growth and Change, 1992, (23): 218-242.

[43] Gordon I R. Industrial clusters: Complexes, agglomeration and/or social networks? [J]. Urban Studies, 2000, 37 (3): 513-532.

[44] Gottmann J. Megalopolis or the urbanization of the northeastern seaboard [J]. Economic Geography, 1957, 33(3): 189-200.

[45] Graham D J. Agglomeration, productivity and transport investment [J]. Journal of transport economics and policy, 2007, 41 (3): 317-343.

[46] Growe A. Emerging polycentric city-region in germany: Regionalisation of economic activities in metropolitan regions [J]. Erdkunde, 2012, 66 (4): 295-311.

[47] Gunnar Myrdal. Economic theory and underdeveloped regions [M]. Gerald Duckworth, 1957.

[48] Hanson G H. Market potential, increasing returns and geographic concentration [J]. Journal of International Economics, 2005,67 (1): 1-24.

[49] Harris C D. The market as a factor in the localization of industry in the United States [J]. Annals of the Association of American Geographers, 1954, 44 (4): 315-348.

[50] Henderson V, Kuncoro A, Turner M. Industrial development in cities [J]. Journal of Political Economy, 1995, 103 (5): 1067-1090.

[51] Hipp J R, Faris R W, Boessen A. Measuring “neighbourhood” : Constructing network neighbourhoods [J]. Social Networks, 2012 (34): 128-140.

[52] Jacobs J. The economy of cities [M]. New York: Random House, 1969.

[53] Jofre-Monseny J, Marín-López R, Viladecans-Marsal E. The mechanisms of agglomeration: Evidence from the effect of inter-industry relations on the location of new firms [J]. Journal of Urban Economics, 2011, 70 (2): 61-74.

[54] Jofre-Monseny J, Marín-López R, Viladecans-Marsal E. What underlies

localization and urbanization economies? Evidence from the location of new firms[D]. Barcelona: Universitat de Barcelona &Institut d' Economia de Barcelona (IEB), 2012.

[55] Jofre-Monseny J, Marín-López R, Viladecans-Morsal E. What underlies localization and urbanization economies? Evidence from the location of new firms[D]. Barcelona: Universitat de Barcelona omdInstitut d' Economia de Barcelona (IEB), 2012.

[56] Katz M, Shapiro C. Network externalities, competition, and compatibility [J].The American Economic Review, 1985 (75): 424-440.

[57] Kirn T J. Growth and change in the service sector of the U. S. :A spatial perspective [J]. Annals of the Association of American Geographers, 1987, 77 (3): 353-372.

[58] Krugman P R. Geography and trade [M]. Cambridge MIT Press, 1992.

[59] Lee B, Gordon P. Urban spatial structure and economic growty in US metropolitan Areas[D]. Los Angeles: University of Southern California, 2007.

[60] Liarte S, Forgues B. Location strategies of multiunit service businesses: Spatial differentiation and agglomeration among hamburger restaurants in Paris, 1984-2004 [J]. Service Business, 2008, 2 (3): 233-248.

[61] Malecki E J. The economic geography of the Internet' s infrastructure [J]. Economic Geography, 2002, 78(4): 399-424.

[62] Marelli E. Optimal city size, the productivity of cities and urban production functions [J]. Sistemi Urbani, 1981, 1(2): 149-163.

[63] Matlaba V J, Holmes M J, McCann P, Pootj. Agglomeration Externalities and 1981–2006 Regional Growth in Brazil [D]. New Zealand: University of Waikato, 2012.

[64] Matsumoto H. International urban systems and air passenger and cargo flows: Some calculations [J]. Journal of Air Transport Management, 2004, 10 (4): 239-247.

[65] McCann P. Rethinking the economics of location and agglomeration [J]. Urban Studies, 1995, 32 (3): 563-577.

[66] Meijers E J, Burger M J, Hoogerbrugge M M. Borrowing size in networks of cities: City size, network connectivity and metropolitan functions in Europe [J]. Papers in Regional Science, 2016, 95 (1): 181-198.

[67] Meijers E. Polycentric urban regions and the quest for synergy: Is a

network of cities more than the sum of the parts? [J]. Urban Studies, 2005, 42 (4): 765-781.

[68] Melo P C, Graham D J, Noland R B. A meta-analysis of estimates of urban agglomeration economies [J]. Regional Science and Urban Economics, 2009, 39 (3): 332–342.

[69] Moss M L, Townsend A M. The internet backbone and the American metropolis [J]. The information Society, 2000, 16 (1): 35-47.

[70] Moss M L, Townsend A M. Tracking the net: Using domain names to measure the growth of the Internet in US cities [J]. Journal of Urban Technology, 1997, 4 (3): 47-60.

[71] Neal Z P. The connected city: How networks are shaping the modern metropolis [J]. Routledge, 2012, 42 (2): 294-295.

[72] Ning L T, Wang F, Li J. Urban innovation, regional externalities of foreign direct investmentand industrial agglomeration: Evidence from Chinese cities [J]. Research Policy, 2016 (45): 830-843.

[73] Ó hUallacháin B, Reid N. The location and growth of business and professional services in american metropolitan areas, 1976-1986 [J]. Annals of the Association of American Geographers, 1991, 81 (2): 254-270.

[74] Parr J B. Agglomeration economies: Ambiguities and confusions [J]. Environment and Planning A , 2002, 34 (3): 717-732.

[75] Parr J B. Missing elements in the analysis of agglomeration economies [J]. International Regional Science Review, 2002, 25 (2): 151-168.

[76] Partridge M D, Rickman D S, Ali K, et al. Recent spatial growth dynamics in wages and housing costs: Proximity to urban production externalities and consumer amenities [J]. Regional Science and Urban Economics, 2010, 40(6): 440-452.

[77] Partridge M D, Rickman DS. Distance from urban agglomeration economies and rural poverty [J]. Journal of Regional Science, 2008, 48 (2): 285-310.

[78] Partridge M, Bollman R D, Rose Olfert M, et al. Riding the Wave of urban growth in the countryside: Spread, Backwash, or Stagnation? [J]. Land Economics, 2007, 83 (2): 128-152.

[79] Partridge MD, Rickman DS, Ali K, et al. Do new economic geography agglomeration shadows underlie current population dynamics across the urban hierarchy? [J]. Papers in Regional Science, 2009, 88 (2): 445-466.

[80] Phelps N A, Fallon R J, Williams C L. Small firms, borrowed size and the urban-rural shift [J]. Regional Studies, 2001, 35 (7): 613-624.

[81] Poorthuis A. Social space and social media: Analyzing urban space with big data[D]. Kentucky: University of Kentucky, 2015.

[82] Rosenthal S S, Strange W C. Evidence on the nature and sources of agglomeration economies [J]. Handbook of Urban And Regional Economics, 2004, 4(4): 2119-2171.

[83] Rosenthal S S, Strange W C. Geography, Industrial organization and agglomeration [J]. The Review of Economics and Statistics, 2003,85 (2): 377-393.

[84] Rosenthal S S, Strange W C. The Attenuation of Human Capital Spillovers: A manhattan skyline approach[D]. Syracuse: Syracuse University, 2005.

[85] Rosenthal S S, Strange W C. The determinants of agglomeration [J]. Journal of Urban Economics, 2001, 50 (2): 191-229.

[86] Saito H, Wu J J. Agglomeration, Congestion and U.S. Regional disparities in employment growth [J]. Journal of Regional Science, 2016, 56 (1): 53-71.

[87] Segal D. Are there returns to scale in city size? [J]. The Review of Economics and Statistics , 1976, 58(3): 339-350.

[88] Selya R M. Taiwan as a service economy [J]. Geoforum, 1994, 25 (3): 305-322.

[89] Shihe F, Hong J J. Testing urbanization economies in manufacturing industries: Urban Diversity or urban size? [J]. Journal of Regional Science, 2011, 51 (3): 585-603.

[90] Taylor P J. World city network (2nd edn) [M]. Routledge, London, 2016.

[91] Townsend A M. Network cities and the global structure of the Internet [J]. American Behavioral Scientist, 2001, 44 (10): 1697-1716.

[92] Venables A J. Equilibrium iocations of vertically linked industries [J]. CEPR Discussion Papers, 1993, 37 (2): 341-359.

[93] Vernon Henderson J. Understanding knowledge spillovers [J]. Regional Science and Urban Economics, 2007, 37 (4): 497-508.

[94] Vogiatzoglou K, Tsekeris T. Spatial agglomeration of manufacturing in greece [J]. European Planning Studies, 2013, 21 (2): 1853-1872.

[95] Zhen F, Wang B, Wei Z C. The rise of the internet city in China: Production and consumption of internet information [J]. Urban Studies, 2015, 52 (13): 2313-2329.

[96] Zipf G K. Human behavior and the principle of least effort [M]. New Jersey: Addison Wesley, 1949.

[97] Zook M A. Old hierarchies or new networks of centrality: The global geography of the internet content market [J]. American Behavioral Scientist, 2001, 44 (10): 1679-1696.

[98] 艾伯特•赫希曼 . 经济发展战略 [M]. 曹征海，潘照东译 . 北京：经济科学出版社，1991.

[99] 奥古斯特•勒施 . 经济空间秩序 [M]. 王守礼，译 . 北京：商务印书馆，2010.

[100] 薄文广 . 外部性与产业增长——来自中国省级面板数据的研究 [J]. 中国工业经济，2007（1）：37-44.

[101] 宝胜，杨芳馨 . 新型工业化与新型城镇化协同发展的问题和对策研究——探索辽宁老工业基地振兴与发展之路 [J]. 渤海大学学报（哲学社会科学版），2018，40（2）：68-72.

[102] 鲍悦华，陈强 . 质量概念的嬗变与城市发展质量 [J]. 同济大学学报（社会科学版），2009，20（6）：46-52.

[103] 蔡永龙，陈忠暖，陈妙如 . 后终期阶段城市化水平演变特征及驱动力分析——以广州市为例 [J]. 湖南师范大学自然科学学报，2017，40（5）：8-16.

[104] 曹建海，李海舰 . 论新型工业化的道路 [J]. 中国工业经济，2003（1）：56-62.

[105] 曾红萍 . 城市化路径的实践与反思：从就地城镇化到激进城市化 [J]. 西北农林科技大学学报（社会科学版），2015，15（4）：129-134.

[106] 曾世宏，夏杰长 . 中国快速城镇化进程为何不能提升服务业就业吸纳能力——兼论转型升级背景下中国服务业与城镇化互动模式创新 [J]. 财贸研究，2016，27（2）：1-9.

[107] 曾志伟，汤放华，易纯，等 . 新型城镇化新型度评价研究——以环长株潭城市群为例 [J]. 城市发展研究，2013，19（3）：125-128.

[108] 柴志贤，何伟财 . 城市功能、专业化分工与产业效率 [J]. 财经论丛，2016（11）：11-19.

[109] 钞小静，沈坤荣 . 城乡收入差距、劳动力质量与中国经济增长 [J]. 经济研究，2014，49（6）：30-43.

[110] 陈伯庚，陈承明 . 新型城镇化与城乡一体化疑难问题探析 [J]. 社会科学，2013（9）：34-43.

[111] 陈昌智 . 积极培育和发展新生中小城市 [J]. 人民论坛，2017（12）：6-8.

[112] 陈建军，黄洁 . 集聚视角下中国的产业、城市和区域——国内空间经济学最新进展综述 [J]. 浙江大学学报（人文社会科学版），2008，38（4）：12-21.

[113] 陈良文，杨开忠 . 我国区域经济差异变动的原因：一个要素流动和集聚经济的视角 [J]. 当代经济科学，2007（3）：35-42，124.

[114] 陈汝森 . 高质量推进小城市培育 [J]. 浙江经济，2017（15）：58-59.

[115] 陈殷，李金勇 . 生产性服务业区位模式及影响机制研究 [J]. 上海经济研究，2004（7）：52-57.

[116] 陈映 . 四川加快新型城镇化发展的对策建议 [J]. 经济体制改革，2010（6）：133-137.

[117] 丛海彬，邹德玲，刘程军 . 新型城镇化背景下产城融合的时空格局分析——来自中国 285 个地级市的实际考察 [J]. 经济地理，2017，37（7）：46-55.

[118] 崔大树，杨永亮 . 长三角城市群生产性服务业空间分异特征研究 [J]. 改革与战略，2015，31（1）：135-141，146.

[119] 崔木花 . 中原城市群 9 市城镇化与生态环境耦合协调关系 [J]. 经济地理，2015，35（7）：72-78.

[120] 丁守海 . 概念辨析：城市化、城镇化与新型城镇化 [N]. 中国社会科学报，2014-05-30（A06）.

[121] 丁正源 . 基于产业结构的城市功能分析——以长三角为例 [D]. 杭州：浙江大学，2008.

[122] 董晓峰，杨春志，刘星光 . 中国新型城镇化理论探讨 [J]. 城市发展研究，2017，24（1）：26-34.

[123] 费孝通 . 我看到的中国农村工业化和城市化道路 [J]. 浙江社会科学，1998（4）：4-7.

[124] 冯婷，洪亮平，何笑梅 . 基于新型城镇化的西部地区产城融合发展探索——以和林格尔开发区为例 [EB/OL]. [2016-09-24]. http：//www.jinchutou.com/p-444456.html.

[125] 弗朗索瓦 • 佩鲁 . 略论增长极的概念 [J]. 经济学译丛，1988（9）：112-115.

[126] 傅十和，洪俊杰 . 企业规模、城市规模与集聚经济——对中国制造业企业普查数据的实证分析 [J]. 经济研究，2008，43（11）：112-125.

[127] 甘露，马振涛 . 新型城镇化的核心是人的城镇化 [N]. 光明日报，2012-10-29（023）.

[128] 高波，陈健，邹琳华 . 区域房价差异、劳动力流动与产业升级 [J]. 经济研究，2012，47（1）：66-79.

[129] 高宏伟，王金桃 . 新型城镇化发展的三维逻辑研究：政府、市场与社会 [J]. 经济问题，2018（3）：100-105.

[130] 耿明斋 . 新型城镇化引领“三化”协调发展的几点认识 [J]. 经济经纬，2012（1）：4-5.

[131] 辜胜阻 . 当前的城镇化应实现六大转型 [J]. 河南社会科学，2016，24（9）：6-7.

[132] 郭小忠 . 新型城镇化进程中的土地集约利用问题与对策 [D]. 北京：中国地质大学，2017.

[133] 郭勇 . 产城融合，推进兵团城镇化发展 [N]. 兵团日报，2013-11-18（007）.

[134] 国家统计局城市社会经济调查总队 . 中国城市发展报告 2004 [M]. 北京：中国统计出版社，2005.

[135] 国务院发展研究中心和世界银行联合课题组 . 中国：推进高效、包容、可持续的城镇化 [J]. 国际融资，2014（5）：65-66.

[136] 韩峰，洪联英，文映 . 生产性服务业集聚推进城市化了吗？ [J]. 数量经济技术经济研究，2014，31（12）：3-21.

[137] 韩峰，柯善咨 . 追踪我国制造业集聚的空间来源：基于马歇尔外部性与新经济地理的综合视角 [J]. 管理世界，2012（10）：55-70.

[138] 韩国明，张恒铭 . 我国新型城镇化与农业现代化协调发展空间分布差异研究 [J]. 吉林大学社会科学学报，2015，55（5）：36-46，172.

[139] 何剑，刘琳，王帅 . 基于分形理论的天山北坡城市群等级规模和空间结构研究 [J]. 山东农业大学学报（自然科学版），2014，45（2）：257-264.

[140] 何小钢，张宁 . 中国经济增长转型动力之谜：技术、效率还是要素成本 [J]. 世界经济，2015，38（1）：25-52.

[141] 贺灿飞，肖晓俊，邹沛思 . 中国城市正在向功能专业化转型吗——基于跨国公司区位战略的透视 [J]. 城市发展研究，2012，19（3）：20-29.

[142] 洪兴建 . 中国地区差距、极化与流动性 [J]. 经济研究，2010，45（12）：82-96.

[143] 胡继元 . 城市区域视角下中小城市区域发展战略——以河南巩义市为例 [J]. 城市发展研究，2017，24（6）：133-136.

[144] 胡杰，李庆云，韦颜秋 . 我国新型城镇化存在的问题与演进动力研究综述 [J]. 城市发展研究，2014，21（1）：25-30.

[145] 胡媛媛，李致平 . 地区专业化、多样性分工与产业结构升级 [J]. 安徽工业大学学报（社会科学版），2016，33（6）：18-21.

[146] 黄大为 . 广东省服务业空间联系与城镇化空间拟合 [J]. 经济地理，2017，37（7）：114-123.

[147] 黄金川，陈守强 . 中国城市群等级类型综合划分 [J]. 地理科学进展，2015，34（3）：290-301.

[148] 黄永春，郑江淮，杨以文，等 . 中国“去工业化”与美国“再工业化”冲突之谜解析——来自服务业与制造业交互外部性的分析 [J]. 中国工业经济，2013（3）：7-19.

[149] 吉昱华，蔡跃洲，杨克泉 . 中国城市集聚效益实证分析 [J]. 管理世界，2004,（3）：67-74，94.

[150] 季小妹，武红智 . 我国新型城镇化动力机制研究进展 [J]. 现代城市研究，2015（10）：60-64.

[151] 江小涓，李辉 . 服务业与中国经济：相关性和加快增长的潜力 [J]. 经济研究，2004（1）：4-15.

[152] 蒋浩 . 推进常州产城融合人城和谐发展的思考 [J]. 宏观经济管理，2016（6）：83-87.

[153] 克里斯塔勒 . 德国南部的中心地原理 [M]. 常正文，王中兴，译 . 北京：商务印书馆，2010.

[154] 赖扬恩 . 论新常态下城镇化发展动力机制的转型与重塑 [J]. 发展研究，2017（10）：63-72.

[155] 蓝庆新，陈超凡 . 新型城镇化推动产业结构升级了吗？——基于中国省级面板数据的空间计量研究 [J]. 财经研究，2013，39（12）：57-71.

[156] 雷运清，赵继伦 . 我国主要城市群发展轨迹及新型城镇化途径研究 [J]. 中山大学学报（自然科学版），2016，55（5）：141-150.

[157] 李斌，毛鹏飞 . 走向更具包容性发展的新型城镇化理论 [J]. 湖南师范大学社会科学学报，2016，45（6）：26-36.

[158] 李光辉 . 我国产城融合发展路径研究 [D]. 合肥：安徽大学，2014.

[159] 李广东，方创琳 . 中国区域经济增长差异研究进展与展望 [J]. 地理科学进展，2013，32（7）：1102-1112.

[160] 李金滟，宋德勇 . 专业化、多样化与城市集聚经济——基于中国地级单位面板数据的实证研究 [J]. 管理世界，2008（2）：25-34.

[161] 李靖 . 新型产业分工、功能专业化与区域治理——基于京津冀地区的实证研究 [J]. 中国软科学，2015（3）：80-92.

[162] 李明秋，郎学彬．城市化质量的内涵及其评价指标体系的构建 [J]. 中国软科学，2010（12）：182-186.

[163] 李楠，罗松华．新型城镇化：质量反思与路径选择 [J]. 求索，2014（5）：47-52.

[164] 李守旭．以产促城产城融合——新型城镇化背景下的产城关系初探 [J]. 中国勘察设计，2014（4）：40-43.

[165] 李小建，杨慧敏．中原城市群产城协调发展分析 [J]. 区域经济评论，2017（4）：47-54.

[166] 李燕．新型城镇化进程中农民身份转化问题及对策 [J]. 理论月刊，2017（2）：144-148.

[167] 李震，杨永春．基于 GDP 规模分布的中国城市等级变化研究——等级结构扁平化抑或是等级性加强 [J]. 城市规划，2010，34（4）：27-31.

[168] 梁梦宇．新型城镇化进程中就业结构优化问题研究 [D]. 吉林：吉林大学，2017.

[169] 梁琦，李晓萍，吕大国．市场一体化、企业异质性与地区补贴——一个解释中国地区经济差距的新视角 [J]. 中国工业经济，2012（2）：16-25.

[170] 梁琦，钱学锋．外部性与集聚：一个文献综述 [J]. 世界经济，2007（2）：84-96.

[171] 林琳，李冠杰．广东省新型城镇化质量空间分异特征及成因机制分析 [J]. 现代城市研究，2018（1）：111-118.

[172] 刘安乐，杨承玥，明庆忠，等．边疆山地城市群交通网络的时空演化——以滇中城市群为例 [J]. 经济地理，2016，36（4）：70-77.

[173] 刘飞，郑新奇，黄晴．基于空间分形特征的城市群实体空间识别方法 [J]. 地理科学进展，2017，36（6）：677-684.

[174] 刘航，孙早．城镇化动因扭曲与制造业产能过剩——基于 2001—2012 年中国省级面板数据的经验分析 [J]. 中国工业经济，2014（11）：5-17.

[175] 刘嘉汉，罗蓉．以发展权为核心的新型城镇化道路研究 [J]. 经济学家，2011（5）：82-88.

[176] 刘荣增，王淑华．城市新区的产城融合 [J]. 城市问题，2013，（6）：18-22.

[177] 刘少华，夏悦瑶．新型城镇化背景下低碳经济的发展之路 [J]. 湖南师范大学社会科学报，2012，41（3）：84-87.

[178] 刘生龙，胡鞍钢．基础设施的外部性在中国的检验：1988—2007 [J]. 经济研究，2010，45（3）：4-15.

[179] 刘书瀚，于化龙 . 基于生产性服务业集聚的中心城市等级划分及其空间溢出效应研究 [J]. 城市发展研究，2017，24（11）：14-19.

[180] 刘涛，周强，刘作丽，等 . 国际大都市区空间发展规律与空间治理——兼论对北京的启示 [J]. 城市发展研究，2017，24（11）：64-69.

[181] 刘伟，蔡志洲 . 我国产业结构变动趋势及对经济增长的影响 [J]. 经济纵横，2008（12）：64-70.

[182] 刘修岩 . 集聚经济与劳动生产率：基于中国城市面板数据的实证研究 [J]. 数量经济技术经济研究，2009，26（7）：109-119.

[183] 陆铭，向宽虎 . 地理与服务业——内需是否会使城市体系分散化？[J]. 经济学（季刊），2012，11（3）：1079-1096.

[184] 陆铭 . 中国城市化路径的困境与抉择 [EB/OL].（2015-08-19），http：//opinion.caixin.com/100841461.html.

[185] 罗伯塔·卡佩罗 . 区域经济学 [M]. 赵文，陈飞等，译 . 北京：经济管理出版社，2014.

[186] 罗楚亮 . 经济增长、收入差距与农村贫困 [J]. 经济研究，2012，47（2）：15-27.

[187] 罗勇，王亚，范祚军 . 异质型人力资本、地区专业化与收入差距——基于新经济地理学视角 [J]. 中国工业经济，2013（2）：31-43.

[188] 吕冰洋，余丹林 . 中国梯度发展模式下经济效率的增进 —基于空间视角的分析 [J]. 中国社会科学，2006（6）：60-72，205-206.

[189] 马静，李小帆，张红 . 长江中游城市群城市发展质量系统协调性研究 [J]. 经济地理，2016，36（7）：53-61.

[190] 马丽，金凤君，刘毅 . 中国经济与环境污染耦合度格局及工业结构解析 [J]. 地理学报，2012，67（10）：1299-1307.

[191] 迈克尔·斯彭斯，帕特里曼·克拉克，安妮兹 . 城镇化与增长：城市是发展中国家繁荣和发展的发动机吗？[M]. 陈新，译 . 北京：中国人民大学出版社，2016：113-125.

[192] 米增渝，刘霞辉，刘穷志 . 经济增长与收入不平等：财政均衡激励政策研究 [J]. 经济研究，2012，47(12)：43-54，151.

[193] 苗洪亮，周慧 . 中国三大城市群内部经济联系和等级结构的比较——基于综合引力模型的分析 [J]. 经济地理，2017，37（6）：52-59.

[194] 苗建军，赵霞 . 基于“城市质量”决定的城市空间实证分析 [J]. 财经研究，2005（3）：126-134.

[195] 潘竟虎，戴维丽 . 基于网络分析的城市影响区和城市群空间范围识

别 [J]. 地理科学进展，2017，36（6）：667-676.

[196] 潘文卿 . 中国的区域关联与经济增长的空间溢出效应 [J]. 经济研究，2012，47（1）：54-65.

[197] 彭国华 . 技术能力匹配、劳动力流动与中国地区差距 [J]. 经济研究，2015（1）：50，99-110.

[198] 戚晓旭，杨雅维，杨智尤 . 新型城镇化评价指标体系研究 [J]. 宏观经济管理，2014（2）：51-54.

[199] 奇骥 . 深度解码中国城市发展创新模式 [M]. 北京：中共中央党校出版社，2017.

[200] 乔晗 . 中国经济增长中的就业效应研究：一个综述 [J]. 南京财经大学学报，2014，（3）：1-8，54.

[201] 邱灵，方创琳 . 生产性服务业空间集聚与城市发展研究 [J]. 经济地理，2012，32（11）：76-80.

[202] 曲岩，王前 . 城市扩张、城镇化与经济增长互动关系的动态分析 [J]. 大连理工大学学报（社会科学版），2015，36（4）：67-72.

[203] 单卓然，黄亚平 . 新型城镇化概念内涵、目标内容、规划策略及认知误区解析 [J]. 城市规划学刊，2013（2）：16-22.

[204] 申玉铭，柳坤，邱灵 . 中国城市群核心城市服务业发展的基本特征 [J]. 地理科学进展，2015，34（8）：957-965.

[205] 舒方媛，赵公民，武勇杰 . P2P 网贷借款人违约风险影响因素研究——基于 Logistic 模型的实证分析 [J]. 湖北农业科学，2019，58（4）：103-107，119.

[206] 苏红键，魏后凯，邓明 . 城市集聚经济的多维性及其实证检验 [J]. 财贸经济，2014（5）：115-126.

[207] 苏红键，魏后凯 . 密度效应、最优城市人口密度与集约型城镇化 [J]. 中国工业经济，2013（10）：5-17.

[208] 苏红键，赵坚 . 产业专业化、职能专业化与城市经济增长——基于中国地级单位面板数据的研究 [J]. 中国工业经济，2011（4）：25-34.

[209] 苏华，刘文君，詹晶 . 湖南省地区专业化、多样化与城市经济效率实证研究 [J]. 湖南社会科学，2017（5）：134-139.

[210] 孙久文，姚鹏 . 京津冀产业空间转移、地区专业化与协同发展——基于新经济地理学的分析框架 [J]. 南开学报（哲学社会科学版），2015（1）：81-89.

[211] 汤二子，刘凤朝，张娜 . 生产技术进步、企业利润分配与国民经济

发展 [J]. 中国工业经济，2013（6）：18-30.

[212] 汤放华，魏清泉，陈立立，等 . 基于分形理论的长株潭城市群等级规模结构研究及对策 [J]. 人文地理，2008（5）：43-46，26.

[213] 唐珏岚 . 生产性服务业集聚——大都市形成与发展的必由之路 [J]. 广西社会科学，2006（2）：43-47.

[214] 唐山 . 新型城镇化背景下的产城融合 [J]. 城市建筑，2016（30）：341.

[215] 汪彬 . 国内外城市群理论发展演进及研究动向 [J]. 区域经济评论，2018，（1）：97-107.

[216] 汪明峰，宁越敏 . 城市的网络优势——中国互联网骨干网络结构与节点可达性分析 [J]. 地理研究，2006（2）：193-203.

[217] 王波，甄峰 . 互联网下的我国城市等级体系及其作用机制——基于百度搜索的实证分析 [J]. 经济地理，2016，36（1）：46-52.

[218] 王发曾 . 中原经济区的新型城镇化之路 [J]. 经济地理，2010，30（12）：1972-1977.

[219] 王家庭，唐袁 . 我国城市化质量测度的实证研究 [J]. 财经问题研究，2009（12）：127-132.

[220] 王俊，李佐军 . 拥挤效应、经济增长与最优城市规模 [J]. 中国人口·资源与环境，2014，24（7）：45-51.

[221] 王乐涛 . 基于生态生产力发展的新型城镇化建设 [D]. 太原：太原理工大学，2015.

[222] 王庆喜，徐维祥 . 多维距离下中国省际贸易空间面板互动模型分析 [J]. 中国工业经济，2014（3）：31-43.

[223] 王为东，陈丽珍，胡绪华，等 . 资源空间集聚对企业国际化的影响机制研究 [J]. 华东经济管理，2014，28（11）：11-16.

[224] 王稳 . 科技进步对经济效率增长的作用机制分析 [J]. 中国软科学，2003（2）：96-102.

[225] 王霞，王岩红，苏林，等 . 国家高新区产城融合度指标体系的构建及评价——基于因子分析及熵值法 [J]. 科学学与科学技术管理，2014，35（7）：79-88.

[226] 王新越，秦素贞，吴宁宁 . 新型城镇化的内涵、测度及其区域差异研究 [J]. 地域研究与开发，2014，33（4）：69-75.

[227] 王勇 . 我国新型城镇化模式转变：从单向发展走向双向均衡 [J]. 西安交通大学学报（社会科学版），2014，34（3）：93-99.

[228] 王振坡，张馨芳，王丽艳．中原城市群城市规模分布及演进机理研究 [J]. 区域经济评论，2018（1）：108-116.

[229] 魏后凯．多角度聚焦“走新型城镇化道路”[N]. 社会科学报，2013-06-20（001）.

[230] 魏后凯．现代区域经济学 [M]. 北京：经济管理出版社，2006.

[231] 魏丽华．我国三大城市群内部经济联系对比研究 [J]. 经济纵横，2018（1）：45-54.

[232] 魏人民．新型城镇化建设应解决七个失衡问题 [J]. 经济纵横，2013，（9）：12-15.

[233] 魏守华，周山人，千慧雄．中国城市规模偏差研究 [J]. 中国工业经济，2015（4）：5-17.

[234] 魏玮，周晓博，牛林祥．产业多样化、职能专业化与城市经济发展——基于长三角和中原城市群面板数据的分析 [J]. 财经论丛，2015（11）：3-9.

[235] 吴建峰，符育明．经济集聚中马歇尔外部性的识别——基于中国制造业数据的研究 [J]. 经济学（季刊），2012，11（2）：675-690.

[236] 吴江，王斌，申丽娟．中国新型城镇化进程中的地方政府行为研究 [J]. 中国行政管理，2009（3）：88-91.

[237] 吴启焰．城市密集区空间结构特征及演变机制——从城市群到大都市带 [J]. 人文地理，1999（1）：15-20.

[238] 吴三忙，李善同．专业化 / 多样化与产业增长关系——基于中国省级制造业面板数据的实证研究 [J]. 数量经济技术经济研究，2011，28（8）：21-34.

[239] 吴玉鸣，柏玲．广西城市化与环境系统的耦合协调测度与互动分析 [J]. 地理科学，2011，31（12）：1474-1479.

[240] 武前波，马海涛．长三角全球城市区域二级城市的产业功能与发展战略 [J]. 世界地理研究，2016，25（1）：104-114.

[241] 武勇杰，张梅青．城市等级与中国地区差距——兼评中国中小规模城市在地区增长中的作用 [J]. 经济与管理研究，2017，38（11）：22-30.

[242] 武勇杰，张梅青．交通基础设施、空间溢出与经济增长关系的实证分析 [J]. 统计与决策，2017（11）：116-120.

[243] 武勇杰，张梅青．新型城镇化、交通网络化与服务业集聚——基于时空耦合的视阈 [J]. 软科学，2016，30（6）：1-5.

[244] 武勇杰，张梅青．以经济效率提升为导向的产城耦合测度 [J]. 经济与管理研究，2016，37（9）：37-45.

[245] 武勇杰，赵公民，俞立平．资本积累、外部性与地区差异——基于地区吸收能力的视角 [J]. 现代经济探讨，2019（2）：19-25.

[246] 武勇杰，赵公民．服务供应链核心竞争力耦合模型的构建 [J]. 科技管理研究，2013，33（21）：175-180.

[247] 武勇杰，赵公民．服务集成商提升服务能力关键影响因素识别研究——基于模糊集理论的 DEMATEL 方法 [J]. 科技管理研究，2014，34（5）：221-225，244.

[248] 武勇杰，赵公民．国内服务供应链研究最新进展及启示——基于元分析的视角 [J]. 科技和产业，2013，13（6）：70-74.

[249] 肖成金．我国城市群的发展阶段与十大城市群的功能定位 [J]. 改革，2009（9）：5-23.

[250] 席强敏，陈曦，李国平．中国城市生产性服务业模式选择研究——以工业效率提升为导向 [J]. 中国工业经济，2015（2）：18-30.

[251] 夏后学，谭清美，吴六三．新型城镇化与人的全面发展实现相互协调了吗——基于人的物质水平改善视角 [J]. 农业经济问题，2016，37（1）：11，35-44.

[252] 肖挺，黄先明．交通基础设施建设与本地就业：效应评估及传导机制分析 [J]. 宏观质量研究，2017，5（1）：91-104.

[253] 肖卫东．中国农业生产地区专业化的特征及变化趋势 [J]. 经济地理，2013，33（9）：120-127.

[254] 谢呈阳，胡汉辉，周海波．新型城镇化背景下“产城融合”的内在机理与作用路径 [J]. 财经研究，2016，42（1）：72-82.

[255] 许召元，李善同．近年来中国地区经济差距的变化趋势 [J]. 经济研究，2006（7）：106-116.

[256] 闫莹，鲍栎月，武勇杰．科技创新供给侧改革视角下企业创新策略选择研究 [J]. 北京交通大学学报（社会科学版），2020，19（2）：87-95.

[257] 杨发祥，茹婧．新型城镇化的动力机制及其协同策略 [J]. 山东社会科学，2014（1）：56-62.

[258] 杨文．城市发展质量及其空间分异研究——基于地级及以上城市的分析 [D]. 北京：中国农业大学，2017.

[259] 杨新华．新型城镇化的本质及其动力机制研究——基于市场自组织与政府他组织的视角 [J]. 中国软科学，2015（4）：183-192.

[260] 杨雪锋．经济增长方式转型：范式困境与破解路径 [J]. 学术月刊，2013，45（8）：92-100.

[261] 杨勇，杨丹，张明勇．都市圈城市等级体系的分形特征研究 [J]. 管理世界，2011（9）：170-171，175.

[262] 姚士谋，王肖惠，陈振光．大城市群内新型城镇化发展的策略问题 [J]. 人文地理，2015，30（4）：1-5，71.

[263] 叶裕民．中国城市化质量研究 [J]. 中国软科学，2001（7）：28-32.

[264] 叶振宇．城镇化与产业发展互动关系的理论探讨 [J]. 区域经济评论，2013（4）：13-17.

[265] 易千枫，张京祥．全球城市区域及其发展策略 [J]. 国际城市规划，2007（5）：65-69.

[266] 余壮雄，杨扬．大城市的生产率优势：集聚与选择 [J]. 世界经济，2014，37（10）：31-51.

[267] 约翰•海因里希•冯•杜能．孤立国同农业和国民经济的关系 [M]. 吴衡康，译．北京：商务印书馆，1986.

[268] 詹浩勇，冯金丽，袁中华．我国城市生产性服务业集聚模式选择——基于制造业内部结构分类的研究 [J]. 宏观经济研究，2017（10）：92-107.

[269] 张光彩．新型城镇化进程中存在的问题及对策研究 [J]. 经济视角：下，2013（16）：132-133，150.

[270] 张国峰，李强，王永进．大城市生产率优势：集聚、选择还是群分效应 [J]. 世界经济，2017，40（8）：167-192.

[271] 张海峰，姚先国．经济集聚、外部性与企业劳动生产率——来自浙江省的证据 [J]. 管理世界，2010（12）：45-52.

[272] 张鸿雁．中国新型城镇化理论与实践创新 [J]. 社会学研究，2013，28（3）：1-14，24.

[273] 张慧，武勇杰，李小惠．基于关键词分析的国内网络团购研究 [J]. 科技和产业，2014，14（6）：22-25，61.

[274] 张吉鹏，吴桂英．中国地区差距：度量与成因 [J]. 世界经济文汇，2004（4）：60-81.

[275] 张蕾，申玉铭，柳坤．北京生产性服务业发展与城市经济功能提升 [J]. 地理科学进展，2013，32（12）：1825-1834.

[276] 张梅青，武勇杰．中国地区就业增长的集聚效应：理论构建与实证检验 [J]. 华东经济管理，2017，31（7）：75-81.

[277] 张其仔，李蕾．制造业转型升级与地区经济增长 [J]. 经济与管理研究，2017，38（2）：97-111.

[278] 张旺，周跃云，胡光伟．超大城市“新三化”的时空耦合协调性分析——以中国十大城市为例 [J]. 地理科学，2013，33（5）：562-569.

[279] 张维智，单忠东，陈燕凤等．中小城市城镇化发展模式研究——成熟度与质量评价 [M]. 北京：经济科学出版社，2015.

[280] 张文明．新型城镇化：城乡关系发展中的“人本”回归 [J]. 华东师范大学学报（哲学社会科学版），2014，46（5）：97-107，181.

[281] 张学良，李培鑫．城市群经济机理与中国城市群竞争格局［J］. 探索与争鸣，2014（9）：59-63.

[282] 张燕．城市群的形成机理研究 [J]. 城市与环境研究，2014，1（1）：92-105.

[283] 张勇，蒲勇健，陈立泰．城镇化与服务业集聚——基于系统耦合互动的观点 [J]. 中国工业经济，2013（6）：57-69.

[284] 张占仓．河南省新型城镇化战略研究 [J]. 经济地理，2010，30（9）：1462-1467.

[285] 赵昌文，许召元，朱鸿鸣．工业化后期的中国经济增长新动力 [J]. 中国工业经济，2015（6）：44-54.

[286] 赵公民，李宁，武勇杰．关于网络借贷市场“学历偏好”分析——来自人人贷平台的经验证据 [J]. 湖北农业科学，2019，58（5）：123-128.

[287] 赵公民，刘金金，武勇杰等．基于扎根理论和文本挖掘的广东省科技金融政策共词网络研究 [J]. 科技管理研究，2019，39（3）：51-57.

[288] 赵公民，力强强，武勇杰等．基于区块链的供应链信任管理机制研究 [J]. 征信，2019，37（11）：25-31.

[289] 赵晋琳，温燕华，刘蓝琦．江苏省新型城镇化发展水平测度 [J]. 统计与决策，2018，34（4）：106-108.

[290] 赵勇，白永秀．中国城市群功能分工测度与分析 [J]. 中国工业经济，2012（11）：18-30.

[291] 赵勇，魏后凯．政府干预、城市群空间功能分工与地区经济差距——兼论中国区域政策的有效性 [J]. 管理世界，2015（8）：14-29，187.

[292] 甄峰，王波，陈映雪．基于网络社会空间的中国城市网络特征——以新浪微博为例 [J]. 地理学报，2012，67（8）：1031-1043.

[293] 中国城市经济学会中小城市经济发展委员会，中小城市发展战略研究院中国中小城市科学发展指数研究课题组．2017 年中国中小城市科学发展指数研究成果发布 [N]. 2017-10-09.

[294] 钟业喜，陆玉麒．基于铁路网络的中国城市等级体系与分布格局 [J].

地理研究，2011，30（5）：785-794.

[295] 钟韵，黄民勃 . 城市等级差异下的服务业发展影响要素研究——基于珠三角面板数据的实证分析 [J]. 产经评论，2013，4（2）：14-22.

[296] 钟韵，邹云龙 . 城市等级视角下经济转型对生产性服务业发展的影响差异 [J]. 产经评论，2016，7（4）：79-89.

[297] 周海波，胡汉辉，谢呈阳，等 . 地区资源错配与交通基础设施：来自中国的经验证据 [J]. 产业经济研究，2017（1）：100-113.

[298] 周圣强，朱卫平 . 产业集聚一定能带来经济效率吗：规模效应与拥挤效应 [J]. 产业经济研究，2013（3）：12-22.

[299] 周韬 . 城市"空间—产业"互动发展研究 [M]. 北京：中国经济出版社，2016.

[300] 周霞，王德起，刘海楠，等 . 城市群城镇等级体系：理想金字塔与演变趋势——以京津冀为例 [J]. 城市发展研究，2017，24（6）：23-29.

[301] 朱国忠，乔坤元，虞吉海 . 中国各省经济增长是否收敛？[J]. 经济学（季刊），2014，13（3）：1171-1194.

[302] 朱鹏华，刘学侠 . 城镇化质量测度与现实价值 [J]. 改革，2017（9）：115-128.

[303] 朱鹏华，刘学侠 . 新型城镇化：基础、问题与路径 [J]. 中共中央党校学报，2017，21（1）：114-122.

[304] 朱彦刚，贺灿飞，刘作丽 . 跨国公司的功能区位选择与城市功能专业化研究 [J]. 中国软科学，2010，（11）：98-109.